AŞKIM KAPIŞMAK

KÜÇÜK
MUTLULUKLAR KİTABI

04.08.16
Sivas

Küçük Mutluluklar Kitabı / *Aşkım Kapışmak*

© *2015,* İnkılâp Kitabevi Yayın Sanayi ve Ticaret AŞ

Yayıncı ve Matbaa Sertifika No: 10614

Bu kitabın her türlü yayın hakları Fikir ve Sanat Eserleri Yasası gereğince İnkılâp Kitabevi'ne aittir. Tüm hakları saklıdır. Tanıtım için yapılacak kısa alıntılar dışında, yayıncının izni alınmaksızın, hiçbir şekilde kopyalanamaz, çoğaltılamaz, yayımlanamaz ve dağıtılamaz.

Editör Ahmet Bozkurt
Yayıma hazırlayan Burcu Bilir
Kapak tasarım Okan Koç
Sayfa tasarım Şirin Kazındır

ISBN: 978-975-10-3223-2

15 16 17   10 9 8 7
İstanbul, 2015

Baskı ve Cilt
İnkılâp Kitabevi Yayın Sanayi ve Ticaret AŞ
Çobançeşme Mah. Sanayi Cad. Altay Sk. No. 8
34196 Yenibosna – İstanbul
Tel : (0212) 496 11 11 (Pbx)

İNKILÂP Kitabevi Yayın Sanayi ve Ticaret AŞ
Çobançeşme Mah. Sanayi Cad. Altay Sk. No. 8
34196 Yenibosna – İstanbul
Tel   : (0212) 496 11 11 (Pbx)
Faks : (0212) 496 11 12
posta@inkilap.com
www.inkilap.com

AŞKIM KAPIŞMAK

KÜÇÜK MUTLULUKLAR KİTABI

Aşkım Kapışmak

1979 yılında İstanbul'da doğdum. Dört kardeşin ortancasıyım. Hiperaktif, duygusal ve gözlemci bir çocuktum.

Sokak savaşlarının, futbol maçlarının başını çeker ve başımızı beladan eksik etmezdik. Gerçekten çok yaramazdık.

Ortaokul ve lise yıllarımda mahalledeki arkadaşlarıma özel ders vermeye başladım. Özel dersler özel seanslara dönüşmeye başladı. Artık arkadaşlarımın anne-babası, "Aşkım, bizim çocukla konuş da toplasın kendini biraz," demeye başladılar.

Her yaz tatilinde farklı bir işe girer, farklı şeyler öğrenirdim. Birçoğunun dediği gibi yapmadığım iş kalmadı.

12 yaşındayken Arif Sağ Müzik Evi'nden konservatuvar eğitimi aldım. Müziği ve sahneyi çok seviyordum. Hâlâ seviyorum. Mahalleye sesimi ilk olarak bir akşam ezanı okuyarak duyurdum. Sesimin güzel olduğunu düşünen cami imamı bir akşam namazında, "Bu akşam ezanı sen okur musun?" diye sordu. Hemen, "Evet," dedim ve eve koşup, "anne akşam ezanını dinle, sana sürprizim var," dedim.

Lise yıllarında sahne deneyimlerim oldu, genelde vokal yapıyordum ama amacım, mutlu olduğum şeyi yapmaktı.

Mahallede ilişkisi kötü giden büyüklerin evlilikleri için tüyolar verirdim. Herkesi seyreder ve gözlemlerdim. Bir süre sonra bazı insanların söyledikleri ile yaptıklarının uyumlu olmadığını gördüm. Beden dillerini okumaya başladıkça daha derinlere inmeye başladım.

Liseden sonra bilgi eksikliğim yüzünden, Marmara Üniversitesi T. Bilimler Meslek Yüksek Okulu'na girdim. Okurken mutlu olmadığımı gören hocam, "Sen gidip insan ilişkileri ile ilgili bir iş yap," dedi. Bu konuda beni profesyonel olarak da yönlendirdi.

Marmara Üniversitesi'ndeki öğrenimimden sonra Newport Üniversitesi Davranış Bilimleri – Psikoloji lisansımı tamamladım. Uzaktan eğitim olduğu için İstanbul'da birçok kişisel gelişim ve iletişim eğitimlerine katıldım.

Davranış bilimleri okurken zihinsel engelli ve kimsesiz çocuklarla gönüllü çalışmaya başladım. 24 yaşındayken Türkiye'nin en ünlü işadamlarının ailelerine danışmanlık hizmeti veriyordum. Mezun olduğum Marmara Üniversitesi'nde bir dönem iletişim konuşmacısı oldum. Öğrencilere etkili iletişim becerileri dersi verdim. Daha sonra birçok üniversiteden konuşmacı olarak davet aldım. Üniversite eğitimim devam ederken profesyonel olarak Final Dergisi Dershaneleri'nden danışmanlık teklifi aldım. Sınava girecek olan öğrencilere dört sene danışmanlık yaptım. Sahnede daha etkili olabilmek için, Müjdat Gezen Sanat Merkezi'ne girdim. İletişim, beden dili, diksiyon, oyunculuk ve sahne sanatları eğitimi aldıktan sonra üniversitede aldığım bilgileri tek kişilik gösteri şeklinde sahneye koymaya karar verdim.

İki sene boyunca beden dili uzmanlığı ve iletişim becerileri eğitimi aldıktan sonra Türkiye genelinde seminerler vermeye başladım. *Starbucks* ile kahve sohbetleri yaptık. Alışveriş merkezlerindeki *Starbucks*'larda bu sohbetlerimiz devam etti. Daha sonra şirketlerle çalışmalarımız başladı ve *Wella, Borusan, Quinn Group, Mehmet Tatlı* gibi firmalara iletişim seminerleri düzenledim.

Kendi adımı taşıyan bir danışmanlık merkezim var, bireysel ve kurumsal danışmanlık hizmeti vermeye devam ediyorum.

Turkmax'ta *Buyurun Paylaşalım* adlı bir program yaptım. Bu programda skeçlerle iletişim, pozitif yaşam, aile içi ilişkiler, başarı ve hedeflere ulaşma gibi konuları odağa alarak izleyenlerimle buluştum.

Hâlâ yaramazım ve duygusalım. Çocukluğumdaki gibi danışmanlık yapmaya devam ediyorum. Sadece artık sahnede şarkı söylemiyorum. Sahnede gösteri yapıyorum. Sonuna kadar çalışmak için hayal kurmaya devam ediyorum. Hayalimdeki işi bana bağışlayan Allah'ıma şükrediyorum.

İçindekiler

Önsöz 9

Kaderin Bekleme Salonu 13

Harita Sahanın Kendisi Değildir 33

İnandığın Şey Gerçek Olmayabilir Ama Neye İnanıyorsan Senin Gerçeğin Odur 47

Davranış Kişinin Kendisi Değildir 53

Her Sorun Bir Fırsattır 57

Beyin Filtreleri 69

Algı 77

Kişilik Tipleri (Metaprogramlar) 95

İletişim 109

Hedef 117

Sevgi 133

Mektuplar 153

Teşekkür 181

Önsöz

Bizler değil miyiz yaptığımız her şeyden mutlu olmaya çalışan?

Aldığımız oyuncaktan, yediğimiz dondurmalardan, sevdiğimiz insanlardan, gezdiğimiz sokaklardan, her şeyden mutlu olmak için yaşayan bizler değil miyiz?

Çaya şeker, pilava tuz katıp, elbiseye kemer, DVD'ye CD takıp dinleyen, her yaptığından mutlu olmak isteyen bizler değil miyiz?

Yorulunca dinlenmek isteyen, kazanınca harcamak isteyen, evlenince çoğalmak isteyen bizler değil miyiz?

İlk gözümüzü açtığımızda annemizin göğsüne yapışan, doymak, ısınmak, korunmak, gülmek, sevmek, sevilmek isteyen bizler değil miyiz?

Evet bizleriz, hepimiziz...

Hepimiz isteriz ki acı bize gelmesin, ne yaparsak yapalım yeter ki mutlu olalım.

Maddede hepimiz ayrı, duyguda ise aynıyız. Birine boş bir dondurma külahı yeterken biri 5 top dondurmayla yetinir.

Birimize kirada oturacak kadar çalışmak yeterken biri ev sahibi olmak ister.

Birimiz mahalle arasındaki bir kafede âşık olurken birimiz lüks bir restoranda boşanmak istediğini söyler.

Ama hepimiz kirada, villada, kafede ya da başka bir ülkede, 5 top dondurmada ya da bir külahta, aynı duyguda buluşuyoruz, o da mutluluk...

Şimdi öğrenmemiz gereken asıl mesele mutluluk...

İnsanın kendisinden beklentisinin artma halidir mutluluk. Mutsuzluk ise kendisinden beklentisinin azalıp başkasından beklentisinin artma halidir.

Mutlu olmak için ihtiyaç duyduğunuz şeyler arttıkça bağımlı olmaya başlayacaksınız.

Bil ki tüketimin arttığı yerde azalacak mutluluğun. Hep alacak ve sahip olacaksın, yedikçe, içtikçe, giydikçe ve bunları abarttıkça mutsuz olacaksın, çünkü bedeninin istedikleri ruhunu mutlu etmez.

Sana dayatacaklar tüket diye, bazen TV'de bir programda ünlü biri, al bunu mutlu ol diyecek, bazen bir alışveriş merkezinde önüne atlayan satıcı mutluluk burada diyecek.

Onların hepsi hayatında olması gereken eşyalar ama yaşam kaynakların olamaz.

Yaşam kaynağın üretime geçtiğin an ortaya çıkar. Ürettiğini paylaştığın an mutluluğun da artar.

Yani okuyacaksın her şeye rağmen, çalışacaksın her şeye rağmen, üretecek ve sergileyeceksin her şeye rağmen...

Sadece vazgeçmeyeceksin, yolun kapandığında az biraz duracak başka bir yol bulacaksın. Mücadele edeceksin ki elde edebilesin.

Mutluluk için emek harcamayan başkalarının verecekleriyle mutlu olmak ister. Bazen kumar masasında bir karttan ya da loto bayilerindeki rakamlardan, bazen arkasını toplayan bir kadından ya da kısa yoldan işini halledecek bir piyondan...

Sonra tüm kartlar ve rakamlar eksik çıkacak, arkanı top-

layan önüne yük koyacak, piyonluğunu yapan sahibinim diyecek... Sen yine kendinde aramayacak kadere küfredeceksin...
Mutluluk başına ne gelirse gelsin, peki ben ne yapmalıyım sorusunu sorabilmektir.
Sorar mısın?
30 sene önce yer sofrasında yemek yiyip bir radyonun başında şarkı dinleyen, misafir gelince ekmeğini paylaşıp toprağın üzerinde, açık havada çay içip sohbet eden, araba olmadığı için uzun yolu yürüyüp bir bidon su dolduran, bir avuç undan ekmek yapıp sabahın en erken saatinde güneşi karşılayan ve "Nasılsın?" diye her sorulduğunda, "çok şükür," diyen amcalar ve teyzeler vardı ya...
İşte biz çok çalışıp her şeye sahip olup sıkıldığımızda, mutsuz olduğumuzda arabalarımıza ve uçaklara binip şimdi az ama öz kalan o amcaların, teyzelerin yanına tatil adı altında gidip küçülmeye çalışacağız.
O an anlayacağız ki büyüyen sadece sahip olduklarımız olmalı ama gönlümüz her zaman o amcalardaki ve teyzelerdeki kadar küçük mutluluklarla dolu olmalı...

Kaderin Bekleme Salonu

Tam oldu derken bir türlü ulaşamıyorum istediğim şeye. Neden bu kadar beklemek zorundayım?

Kaderin bekleme salonu hak ettiğimiz ne varsa hepsinin bekletildiği yerdir. Bu döneme kadar insan ne yaparsa yapsın henüz karşılığını almamıştır. Bir kişinin başka birine kötülük yaptığı bir olayda, kötülük yapan için kader hâlâ bekleme salonunda ise hemen karşılığını almaz. Bu sebepten kötülüğe uğrayan, Yaratıcı'dan adalet ister ya da cezasını kendi vermeye çalışır. Her ikisi de sonuçları etkileyecektir. Aklınızdan geçirdiğiniz bir düşünce uzun uzun zihninizde tutulduysa duaya dönüşmeye başlar. Aslında emri veren yine siz oluyorsunuz. Bir ev almak istediğinizde bile kararınızdaki samimiyetinizden sonra sizin için kaderin kırmızı boyutunda hak ettiğiniz şey, yani istediğiniz ev durdurulur. Ona ulaşmak için bir samimiyet sınavı başlatılır.

Bu noktada paranızı biriktirmeye başlarsınız ve o kadar uzak gelir ki zaman... İşte bu sabır zamanıdır. Samimiyetiniz arttıkça bir yerlerde size özel bir ev ayarlanır. İlk başlarda unutursunuz ne istediğinizi ama samimiyseniz ve paranızın 3/2'sini biriktirdiyseniz kaderin sarı renkli boyutu sizin için çalışmaya başlar. İşte bu aşama hazırlık aşamasıdır. Almak istediğiniz ev hareketlenir, size sunulmak için bazı insanlar ve olaylar gerekir. Size özel hazırlanan evin reklamının olduğu gazeteye doğru çekilirsiniz. Gazeteyi aldıktan sonra algıda seçicilik yapıp ilanı fark edersiniz.

Trafikte kırmızı ışık yandığında durmak zorundayızdır. Hayat bu aşamada bir karar ister bizden. Durduğumuz yerde bir karar veririz. Bu karar iyi ya da kötü olabilir. Verdiğimiz kararın sonucunda ulaşmak istediğimiz ne varsa bizim için hazırlanır. Aslında hak ettiğimiz demek daha doğru olacaktır. Örneğin bir evi soymak için hırsızlığa karar vermek de bir karardır. Sonucunda evi soyarsın ama hak ettiğin ne varsa sana verilmek için bir süreliğine durdurulur. İşte bu aşama hayatın sana oynadığı bir oyundur. Sen, "Oh ne rahat, çalıyorum ve yakalanmıyorum," dersin. Bol bol harcamaya başlarsın. Sırf bu düşünceye inanman için hayat sana defalarca hırsızlık yaptırabilir. Bir süre sonra hakkında durdurulan şey ne ise Yaratıcı'nın gücüyle hayatına gelir. Bu hapishane de olabilir ölüm de. Aslında bu kadar kötü bir sonuç bekletilmez insan için. Hapishanenin yanında küçük cezalarla büyük bir ödül de bekletilir, çünkü hırsızlık yapmamaya karar verebilirsin. Bu ihtimali göze alan kader vazgeçtiğin noktada tekrar samimiyetine bakar. Bu süreç biraz zordur, çünkü samimiyetin sıkıntıyla sınanabilir. Elinden tüm imkânların alınmaya başlar en âciz olduğun anda karşına hırsızlık yapıp rahatlayabileceğin ortamlar çıkarılır. İşte buradaki tepkindir samimiyet. Bu samimiyet sınavını aşarsan arkasından seni rahata çıkaracak bir ödül gelir ama yine de ilk yaptığın hırsızlıkların bedellerini küçük de olsa ödetir.

Hayatınızda, kaderinizin bekleme salonunda olduğunuzu anlamanın yolu basittir. Bunun için bir karar vermiş olmanız ve o istediğiniz şeye hâlâ ulaşamamış olmanız gerekiyor. Belki 15 senedir uğraştığınız ve beklediğiniz bir şey, belki de 15 dakika önce karar verdiğiniz bir şey. Bilemiyorum ama her ikisinde de hak ettiğiniz bir şey olmalı. Kaderin bekleme salonunu Allah'ın ödüllerimizi ve cezalarımızı tuttuğu bir köşe gibi görmek gerekir. Bunu anlamanın en iyi yolu her istediğimizin hemen gerçekleşmemesidir. Aslında o kadar eksiğiz ki, kendimize bile adil olamıyoruz. En çok istediğimiz şeyin sadece egomuzu tatmin edeceğini göremiyoruz.

Aklımızdan saçma sapan düşünceler geçmiyor mu? Sadece bize faydası dokunacak ama başkalarına zarar verecek düşünceler. Kimi baş edip gönderebilirken bu tarz düşünceleri kimi uzun bir zaman bekleyip gerçekleştiğini görüyor. Galiba düşündüklerimize değil de inanıp yaptıklarımıza karşılık geliyor.

Annemin iki katlı küçücük evinin orman kadar büyük bir bahçesi vardı. Orman kadar dediğime bakmayın anneme göre öyleydi. Gerçekte 10 metrekarelik bir bahçeydi.

Daha taşındığımız gün annem dışındaki herkes o bahçeden umutsuzdu, çünkü dağınık, pis ve yabani otlarla doluydu.

Hepimiz aynı anda bakıp, "Bu ne ya, burası adam olmaz. Bahçede oturamayız," derken annem bir anda bahçeye daldı. Toprağın üzerinde yürümeye ve konuşmaya başladı. "Anne ne yapıyorsun?" dediğimde, "sebzeler ile çiçeklerin yerlerini belirliyorum, ayrıca oturup çayımızı kahvemizi içeceğimiz bir yer de ayarlamak üzereyim," dedi.

Nasıl varlıklarız ki aynı şeye bakıp başka şeyler görebiliyoruz.

Birisi için çöplük olabilecek bir yer, bir başkası için yaşam kaynağı ya da küçük bir cennet olabiliyor. Eğer annem olmasaydı, abim ve ben bir karar verip oranın güzel bir bahçe olacağına inanmayacak, hatta bahçeyi eski eşyaların tutulduğu bir yer yapacaktık. Bunu da biz istemiş olacaktık. Yine kader döngüsünde verdiğimiz karar için bir son bekleyecekti bizi. Kaderin bekleme odasına geçecek ve hak ettiğimiz sonu bekleyecektik. Ne mi olacaktı?

Uzun yıllar boyunca bahçenin tadını çıkaramayacaktık.

Ama annem bambaşka bir karar verdi. Onun için kaderin kırmızı boyutunda bir ödül hazırlanmıştı. Buna sadece annem inandı.

Her gün bahçede bir şeylerle uğraşıyordu. Sürekli elimize bahçeden atılacak şeyleri tutuşturup, "Hadi çöpe atıp gelin," diyordu ve sıkıla sıkıla çöpleri atıyorduk.

Bir süre sonra bahçe temizlendi ve biz de yavaş yavaş bahçedeki sedirde oturmaya başladık. Annem bir samimiyet sınavına girmişti, çünkü o çaba harcarken farkında olmadan bizler cesaretini kırmaya çalışıyorduk. Onun da sınavı bizdik galiba. Annem inandı ve ardından ikinci aşamaya geçti. Eminönü'ne gidip sebze, çiçek tohumları ve fidanları aldı. Onları teker teker ekti, hatta ilk taşındığımız gün hayal ederek baktığı yerlere yerleştirdi. Şimdi de sabır aşamasına girdi. Asıl sabrı o gösteriyordu, çünkü bizim böyle bir kararımız yoktu.

Birkaç ay sonra ektiği ne varsa büyümüş ve sonuçları alınmıştı. Sabah kahvaltılarımızda bahçeden topladığımız domates ve salatalıkları yerken, akşam yemeklerinde toplanan biberler yemeklerin yanında iyi gidiyordu. Anneme kırmızı boyutta hak ettiği ne varsa verildi. En mutlusu da annemdi.

Hepimiz için bir şeyler bekletiliyor orada. Hani falcılara gidip de sorduğumuz şeyler var ya. Ne olacak diye? İşte onların hepsi hiçbir falcının bilemediği kaderin bekleme odasında. Bizi bekliyor. Birkaç sene önce mahallemde yaşadığım tatsız bir olayı sizlerle paylaşmak istiyorum.

Komşumuzun kızını kocası evliliklerinin 3. haftasında, gece uykuda boğarak öldürdü. Çok iç yakan bir haber değil mi? Bunun gibi haberleri her gün televizyonlardan seyrediyor, gazetelerden de okuyoruz. Çok üzücü ve hiçbir haklı yanı olmadığını bildiğimiz halde genelde sonuçlarına bakıyoruz. Düşünemediğimiz şey bu sonucu hangi süreçlerin yarattığı. Asıl çıkarılması gereken ders yerine lanetlemeyi seçiyoruz. Yine lanetleyelim ama süreci iyice anlayıp ders de çıkaralım. Olayın sürecini sizinle paylaşmak istiyorum.

Çok samimi olmadığımız bir komşumuzun kızı 20'li yaşlarında idi. Anne babası üniversite okusun diye didinip çalışıp kızlarını dersaneye göndermişlerdi. Kız ise bunları görmüyor, sürekli dersleri asıp evli bir adamla görüşüyordu. Bu durumu anne babası öğrenince yıkılmışlardı. Kızlarını karşılarına alıp konuşmuşlar, ceza vermişlerdi ama nafile. Kız o evli adamla görüşmeye devam etmişti. Evli adamla görüşme kısmını bizler bilmiyorduk. Ayıptır diye aile kimseye anlatmamış kendi içlerinde çözmeye çalışmışlar. İzninizle daha akıcı anlatabilmek için kıza bir isim koyacağım. Adı Esra olsun.

Esra zar zor özel ve İstanbul dışında bir üniversiteye girdi. Ailesini kandırıp o adamla da görüşmeye devam etmiş. Esra bir karar verip gerçeği deşifre edemediği için bu kararına o kadar inanmış ki, kendisini haklı çıkaracak bir sürü gerekçe üretmiş. İşte bu kararın ardında Esra için kaderin kırmızı boyutunda hak ettiği şeyler yaratılmış. Yaradan zalim olamaz. Zalim olan bizleriz.

Evli adam Esra yüzünden evini ihmal etmeye, çocuklarına babalık yapamamaya başlamış. Esra'nın gittiği okulun yakınlarında bir ev tutmuş ve sık sık da görüşüyorlarmış. Bir süre sonra aile Esra'nın tavırlarından durumu fark etmiş. Habersizce bir gün evine gittiklerinde ikisini de evde bulmuşlar. Anne fenalaşmış, babası ise adamla birbirine girmiş. En sonunda adam kızınızla evleneceğim demiş. Aile iyice sinirlenmiş ama elleri boş bir şekilde evlerine dönmüşler. Aradan birkaç hafta geçince Esra annesiyle babasının yanına gelmiş ve evlenmek istediğini söylemişse de ikna edememiş. "Eğer izin vermezseniz biz de siz olmadan evleniriz," demiş. Annesi tekrar karşısına alıp, "Kızım bu adam senin sonun olacak," demiş. Sonra araya birkaç akraba girmiş, komşu girmiş ama nafile.

Esra bakmış ki olmayacak, ilk önce okulu bırakmaya karar vermiş. Anne baba yıkılmış. Bu da Esra'nın kararı, artık bu karar içinde kaderin bekleme odasında hak ettiği ne varsa hazırlanmaya başlamış. Esra zalimleştikçe annesi iyice hastalanmaya başlamış. Gerçeği göremeyen Esra için her şey güllük gülistanlıkmış. Tek amacı sevdiğini zannettiği adamla olmakmış. Adam karısından boşanmış ve kendisinden 15 yaş küçük Esra ile gizlice evlenmiş. Esra artık ailesi ile görüşmemeye başlamış. Evliliklerinin 3. haftasında bir tartışmanın ardından Esra ile adam uyumuşlar. Sinirlerini yatıştıramayan adam yataktayken de tartışmaya devam etmiş. Esra karşılık verdikçe sinirlenen adam bir anlık öfke ile Esra'yı boğmuş. Kaderin kırmızı boyutu Esra'ya kötü bir son hazırlamış.

Oysa o kadar çok uyarıcı geldi ki Esra'ya. Hiçbirini göremedi ya da gördükleri çıkarına hizmet etmediği için kabullenmedi. Hiç istenmeyen bir son yaşandı.

Adam ise eski karısını ve çocuklarını ihmal ederek onlara zalimlik yaparak kendi dünyasında bir karar verdi. Bu karardan sonra onun için de kaderin kırmızı boyutunda bir son hazırlandı. O da yaptıklarının sonucunu cezaevine girerek ödedi. Biri mezara biri de cezaevine.

Hayatlarımız birbirine o kadar bağlı ki başka bir ilde yaşayan adam, senin topraklarına gelip katilin olabiliyor, yani iki insan çok kötü ve art niyetli ise birbirlerini bir yerlerde buluyor. Şimdi diyeceksiniz ki kızın suçu ne?

Kimse ölümü hak etmiyor ama bu dünyada insanlar birbirlerini öldürüyor.

Kaderin bekleme salonunda belki ileride alacağınız evler, mutlu bir evlilik, yeni bir iş var ya da işlerinizin kötüleşmesi, evliliğinizin bitmesi, arabanızı satmanız da olabilir. Belki küçük büyük kavgalar, kazalar ya da muhteşem bir düğün...

İnanın bizlere sürpriz gibi gelen her şey aslında isteyip de unuttuğumuz şeylerdir.

Her insan en çok istediği şey ile ilgili sınanır. Bazen çok yaklaştırılıp bazen de çok uzaklaştırılır. Her iki durumda da duygusal bir yoğunluğa gireriz. Birinde mutluluktan heyecanlanırken diğerinde mutsuzluktan sineriz. Aslında kırmızı boyuttan bize ucu gösterilen bu şeyler bizim için bir sınavdır. Gerçekten bize verildiğinde nasıl bir yaşamımız olacağının ön habercisidir.

İkinci kitabım *Kadınlar Sağdan Erkekler Soldan* piyasaya çıktığında beklentimin çok üzerinde bir satış grafiği yakaladı. Ülkenin en iyi televizyon programlarında kitabı anlatmaya başladım. Bu benim hayalini kurduğum ve Allah'tan çok istediğim kariyerimin bir başlangıcıydı. Bazen çok yaklaştığımı bazen de uzaklaştığımı hissediyordum. Sonra fark ettim ki kaderin bekleme salonunda beni bir şeyler bekliyor. Ben bu sonucu bilemem ama bir öngörü yapmam gerekirse şimdiki tepkilerime bakmam gerekiyordu.

Saba Tümer'in programına davet edilmiştim. Canlı yayında çok güzel bir performans sergilediğimi düşünüyorum. Sabah kalktığımda kitabım yok satıyordu. Bir anda kendimi özel hissetmeye başladım. Egom yükselmeye başlamıştı. Bütün programlar beni arıyor ve davet ediyorlardı. O kadar çok telefon alıyordum ki genelde hiçbirine dönemiyordum, çünkü programdan programa koşarken yoğunluğumu bahane ediyor, *herkes beni anlamalı*, diye düşünüyordum. Egom gerçeği görmemi engellemişti. Daha sonra bekleme salonundan bana bir hediye daha gönderildi ve Gülben Ergen'den canlı yayınına konuk olmam istendi. İşte her şey istediğim gibi gidiyordu. Bu arada çok az da olsa ünlü olmanın büyüsüne kapılır gibi önüme gelene, "Herkes çok değişti, dostlarım aramıyor," demeye başladım.

Bu düşünceye inanmaya başladığımda program davetleri azalmaya başladı ama ben hâlâ bu düşünceye inanıyorken canım dostum *Milliyet* Gazetesi Eğitim Editörü Sibel Kahraman bana dedi ki, "Sen ne yapıyorsun, dostların hâlâ aynı yerdeler. Aynı yerde olmayansa sensin. Gerçek dostların dün gibi aramanı bekliyorlar," dedi.

Gerçekten de öyleydi. Bu farkındalık ile kendimi toparlayıp yeni, olumlu düşünceler yaratmaya başladım ama bir önceki yanlış inançlarımın ve davranışlarımın bedelini kısa sürede ödeyip yoluma devam etmeye başladım. İşler olması gerektiği hale gelirken dostlarımla ilişkim düzelmeye başladı. Bu aşamada kader, bekleme salonunda sabır sınavına aldı beni. İşlerimi azaltıp tepkilerimi ölçtü.

Kendimi toparladığım andan itibaren bir TV kanalından her gün canlı yayın yapma teklifi geldi ve ben herkese her gün kendi programımdan seslenmeye başladım. Şükürler olsun!

Şimdi de *Küçük Mutluluklar Kitabı*'mla karşınızdayım.

Başımıza gelen her şey bizden bedel ister.

Anladım ki büyük isteklerin büyük bedelleri olacak. Ayda 1000 TL kazanan birine bir anda 1.000.000.000 TL verirseniz bir süre sonra batar, çünkü o parayı yönetme becerisi yoktur. Yönetilemeyen her şey yok olmaya mahkûmdur. Önemli olan yavaş yavaş asıl hedefe ulaşmaktır.

Aslında gelecekte bize gelecek olan her şey biraz da olsa kendini gösterir. O anki karşılamamız nasılsa ona göre tekrar şekillenir.

Kaderin bekleme salonunda tüm insanlık için bekletilen tek son ölümdür. Her insan yaşamı boyunca hak ettiklerini alır ve en sonunda da bu dünyadan gider.

Kişisel olarak şu zamana kadar size verilen her şey bu boyuttan gelmiştir. Şimdi sizden bir uygulama yapmanızı isteyeceğim. Şu ana kadar başınıza gelen iyi ya da kötü hatırlayabildiklerinizi yazın. Bunlar maddi manevi her şey olabilir. Ev, araba, evlilik, çocuk, iş, yurtdışı seyahati vb.

Bu farkındalık çalışmasını yaparken dikkat etmeniz gereken en önemli nokta başınıza gelenlerin öncesini düşünebilmektir.

Bir anda mı oldular?
Öncesinde hiç mi düşünmediniz?
Hangisini ne kadar zamandır istediniz?
Neden başınıza gelenleri hak ettiniz?
Bir ev istersin, 1 sene durdurulur.
Bir yuva istersin, 3 ay durdurulur.
Bir iş istersin, 2 hafta durdurulur.

Her ne istersen iste önce senin hazır olman beklenir. Neden olmuyor dediğin her an aslında sen olmamışsındır. Yoksa öbür türlü sahne eğitimi almadan, tecrübe kazanmadan, sesi güzel olduğu halde sahneye çıkıp rezil olmak gibi bir şeydir, çünkü sen bir şeyin sonucunu istediğinden, süreci ve ödeyeceğin bedeli düşünmediğinden başına bir kerelik bir sıkıntı gelir. Kırmızı boyutta iki şey beklemiştir seni; ilki zamanla kendini geliştirip hazır hale geldiğinde ki sahne başarısıdır bu. Diğeri ise hemen olsun diye kaderi zorladığın, her şeyi birbirine kattığın anda, hiçbir deneyimin yokken sahnede yaşadığın rezilliktir. İkisini de sen hak ettin.

Ne güzel ki sana hâlâ şans vermeye devam eden Yaratıcı, sana istediğini vermekten bıkmıyor. Bıkan yine sen oluyorsun. Hedefine ulaşırken yaşadığın her sıkıntı senin değiştirmen gereken bir yanın aslında. İnsana bela, güçlensin diye verilir. Yıkılsın diye değil. Beni yıkmak isteyen Tanrı'nın işi hiç zor değil. Öldürür.

Öldürmüyorsa hâlâ gülmemi istiyordur. Yola devam etmem için güçlenmem gerekiyordur.

Aynı bir çocuk yetiştirir gibi. Örneğin bir çocuğun önüne ne kadar engel konursa o kadar güçlenir. En zengin insanlar fakirliği en çok yaşayanlardır.

Bir çocuğun önündeki engelleri sürekli anne babası kaldırıyorsa o çocuk hayata karşı güçsüzleşir. Anne baba yaşlandıkça engelleri kaldıramaz hale gelir. Sonunda çocuk nedenini bulur. Aman o mutlu olsun diye yaptıkları her şey çocuklarına başarısızlık olarak döner.

Yapılan her davranışın altında faydalı olmak gibi bir niyet vardır. Niyetin iyi olması davranışın etkili olacağı anlamına gelmez. Sokakta çalışan, dilenen çocuklara faydalı olmak için verdiğiniz her paranın, o çocuğun anne babasının ağzını sulandırması gibi. Sizin faydalı olsun diye yaptığınız şey o çocukların daha çok sokakta dilenmelerine neden olur.

Bu konuda size bir öneri, arabanıza çiklet, çikolata doldurun, gördüğünüz her dilenci çocuğa bir tane verin. Sonra gözlerine bakın. Bazıları çikolatayı alınca hani para diyecek. Boş verin, siz arabanızla uzaklaşınca o çikolatayı yiyecek. Bu çocuklar çikolata ister, anne babaları ise para. Hangisinin faydasına hizmet etmek istiyorsanız, onu yapabilirsiniz.

İnsanların 5 Temel Değeri Vardır

1) Bilmek
2) Yapmak
3) Sahip Olmak
4) Yakın Olmak
5) Olmak

Bilmek: Bilmek değeri yüksek olan insan bilmek ister, ne kadar çok bilirse kendini o kadar güçlü hisseder. Yeterli bilgiye ulaşınca eyleme geçer, bulundukları alanda elde ettikleri bilgi kadar güçlü ve güvende hissederler. Araştırma geliştirme alanında olması gereken kişilerdir. Çok soru sorarlar: "Nasıl yapacağım? Nasıl olacak?" gibi.

Yapmak: Eyleme geçmek, davranışta bulunmak önemlidir,

bilgi o kadar önemli değildir. Yaparak öğrenirler, çocuklar da böyledir. Önce eyleme geçer sonra düşünür. Hareket etmekten sıkılmaz, kolay kolay yorulmazlar, motivasyon sorunları yoktur. İyi bir koç ve liderle başarılı olurlar. Davranışa yönelik alanlarda da başarılı olurlar.

Sahip Olmak: Elde etmek için sahip olma duygusu gelişmiştir. Ev, araba, güzel bir ofis onlar içindir. İdealden daha çok sahip olma güdüsü ön plandadır, kiralamayı değil satın almayı severler. Kredi-taksit onlara göre değildir. Hemen sahip olmak isterler, armağan almayı severler.

Yakın Olmak: Yakın ilişkileri severler, ilişkileri daima sıcak tutmaya çalışırlar. Diğer insanlar tarafından beğenildiklerinde rahat ederler. Dış referanslı olurlar, kolay ilişki kurarlar, kabul görmeyi severler. En sevdiği şey ise başkalarının kendisi hakkında güzel şeyler söylemesidir. Sanatçılarda bu değer gelişmiştir.

Olmak: Önemli olmak, bir titre sahip olmak onlar için önemlidir, kariyer sahibi olduğu unvanla anılması çok önemlidir. Bu unvana sahip olabilmek için yıllarca okuyup eğitim alabilirler. Örneğin tıpta okuyanların %90'nı için de doktor olmak önemlidir. İsminin anılmasından hoşlanırlar.

Şimdi siz kendi değerlerinizi sıralayın. Hangisini fazla ya da hangisini az kullanıyorsunuz? Genelde en az kullandığınız değeriniz ile ilgili hayatta istenmeyen sonuçlar alırsınız. Örneğin sahip olma değeri hiç gelişmemiş kişiler çok çalışsalar da birikim yapamaz, mal mülk sahibi olamazlar.

Ya da olmak değeri gelişmiş biri aynı işyerinde uzun yıllar boyunca müdür olmak için sabır gösterirken yapmak değeri gelişmiş ama olmak değeri gelişmemiş biri ufacık sıkıntıda işyerinden ayrılıp başka bir iş yapacağım diyebilir.

Mutluluk İçin

1. Her sabah güne serin bir bardak su ile başlayın. Vücut ısınız artarsa stresiniz de artar.
2. Her şeyden yiyebilirsiniz ama tam doymamak şartı ile.
3. Gözünüzün su ve yeşillik görmesi şart, böylece doğaya uyum sağlarsınız.
4. Sevdiklerinizin isimlerini kendinize sık sık söyleyin.
5. Hiçbir şey için ben yaptım demeyin. Ben elimden geleni yaptım diyebilirsiniz.
6. Zamanınızı pozitif, sizi yücelten ve kendinizi iyi hissettiren insanlarla geçirin.
7. İnsanlarla sevecen ve yardımsever bir dille konuşun.
8. Egosu yüksek insanlardan uzak durun.
9. Sürekli sizi öven insanlardan uzak durun.
10. Egzersiz yapın. Sabahları yumuşak akşamları ise sert sporlar yapın.
11. Neyi ya da kimleri seviyorsanız, ilgili misiniz diye bir düşünün.
12. Diyaframdan nefes almayı öğrenin.
13. Hayatınız için açık hedefler belirleyin.
14. Hayattaki amaçlarınızı belirleyin.
15. En az bir hafta kimseyle konuşmadan yaşamaya çalışın. Zorunlu hallerin dışında.
16. Çaresiz hissettiğiniz zaman başkalarından yardım almaktan çekinmeyin.
17. İnsanlarla konuşurken avuç içinizi açık tutun.
18. Sesinizin nasıl olduğu önemli değil; şarkı söyleyin ya da mırıldanın.
19. Okuduğunuz ya da seyrettiğiniz her şeye çok merak ediyorum düşüncesiyle yaklaşın ki algınız açık olsun.

20. Gül kokusunu hayatınızın bir parçası yapın.
21. Dokunmaktan çekinmeyin. Sevdiklerinize sık sık dokunun.
22. Haftada en az bir gün sakin bir ortamda sessiz ve hareketsiz durun. En az 1 dakika ile başlayın ama sakın kımıldamayın. Dakikanızı yavaş yavaş artırın. Beden sakinleştikçe zihin de sakinleşmeye başlar.
23. Bir kâğıda sıkıntılarınızı çok küçük harflerle yazın; başarılarınızı ise büyük harflerle yazın, çünkü acılarımız zihnimizde büyük büyük durmakta.
24. Mutlu olmak için bir şeye ihtiyacınız var mı yok mu bir değerlendirin.
25. Fotoğraf albümünüze bakın ve içselleşmeye çalışın.
26. Etrafınızdakilere yardım ederseniz sizin ihtiyaç duyduğunuz şeylere de yardım gelecektir. Bir hayvana ya da bir insana muhakkak yardım edin. Yardım eden kişinin mutluluğu artar.
27. Olumlu duygularınız kimlere akıyor isimlendirin. Olumsuz duygularınız kimlere akıyor isimlendirin. Eğer olumsuz duygular olumlu duygulardan fazla ise mutsuzluk artacaktır. Olumlu duyguların aktığı insanları artırın.
28. Kıskandığınız insanlar varsa kendinize açık olun ve itiraf edin. Sonra, onun hangi özelliğini kıskanıyorum diye bir düşünün.
29. Dua edin.
30. Gazete ve haberlerdeki olumsuz haberlere bakarken, hiçbir şey yüzde yüz benim algıladığım gibi değildir diye düşünmeye çalışın.
31. İnsanları değil, hangi davranışlarını sevmediğinizi bilin.
32. Kendinizi en az 7 kişiye sorun. Sizin hakkınızda ne düşündüklerini sorun. Hepsini kıyaslayın.

33. Mutluluk hormonu beyin sapı soğuduğunda oluşur. Başınızın özellikle ense kısmını serin tutun.

Başına Benimkinden Farklı Ne Geldi?

Aynı şeyleri yaşamıyor muyuz bir kutuptan diğerine.
Senin olduğun yerde bilmediğim duygular mı var? Sen de aldatılmadın mı hiç?
Benimki Türkçe seninki İngilizce...
İkimiz de düştük; senden akan kanla benimkinin farkı ne?
İkimiz de koşmadık mı her acıdan sonra sevdiklerimize...
Her mutsuz anında herkesi mutlu zannetmek koymadı mı sana?
İçini acıtmadı mı gazetedeki tecavüz haberleri.
Seni de yöneten çalmadı toprağından, işinden.
Benim de pirimlerim ödenmedi.
Komşunu öldürmedi mi komşun?
Ne farkımız var cenazelerde?
Seninkileri yakıp kül ettiler, benimkileri de toprağa verdiler.
Sen karlar altında ben güneşin alnında.
Sen severken tilkiyi, kurdu, ben doyurdum kedileri.
Bir bir göçmedi mi sen büyüyünce yaşlılar?
Başına benimkinden farklı ne geldi?
Ben ezanlarda Tanrı'ya ulaştım, sense ayinlerde...
Aynı Tanrı değil mi diz çöktüğümüz.
Alkışlamadık mı sanatçıları ellerimizle.
Bakıp da hep kendimizi görmedik mi?
İnsan olmak istedim hep.
Sevmedim kimlikleri...
Ne abi, ne abla ne doktor ne hâkim hepsi üzmedi mi zaman zaman?

Bir insan olmak gerekti bu dünyaya.
Seni de bir ana doğurdu bağıra bağıra.
İkimiz de bir kaynaktan sütle büyüdük.
Aşksa aşk, işse iş.
İnsan doğduk ikimiz de sonrası bir masal...
    Biliyorsun değil mi, tüm kimlikler geçici, çünkü insanca öleceğiz.

"Bazen nereye gittiğinizi bilmediğiniz zamanlar olur ya, işte o an içinizde hangi duygular ve yanınızda kimler var bir bakın, çünkü bir yolcunun nereye yol aldığını bilmek için çantasındakilere bakmak gerekir."

Harita Sahanın Kendisi Değildir

Beynimiz gerçekle gerçek olmayanı ayırt edemez. Gerçeklerle alakalı tüm bilgi, düşünce ve inançlarımız haritalardan meydana gelir. Nasıl bir haritanın gerçeğin yerini almaya hakkı yoksa, bir bilgi ya da inancın da gerçekliğin yerini almaya, hakikatin kendisi olduğunu iddia etmeye hakkı yoktur.

Aslında her şey bir görüntü transferidir ve herkes kendi zihnindekileri yaşar. Deneyimlerimiz, yaşadığımız olaylardaki algılarımızı değiştirir. Her şey bizim gerçeğimizken, dış görünüşüne bakıp ceket giyen birine "adam", giymeyene "adam değildir" diye etiketlemek bizim gerçeğimiz değil, aslında başkalarının gerçeğidir. Bu durumda empati becerisi önemlidir ve mutlaka her insanda geliştirilmelidir. Kafamızdaki ezberleri kırmalı, kendimize ait bir tarzımız olmalıdır.

Hiçbir şey sana anlatıldığı gibi değil...
İnsanlar ZANnettikleriyle yaşar. Oysa ZANlar gerçek değildir. Bizler ZANları sever, ZANlara kızarken beynimiz kontrolsüz çalıştığı için ZANlara tepki verir.

Küçük çocukların mimik okuyabilme özellikleri vardır ve bu tamamen içgüdüsel bir algılamadır. Çocukların yanında ne kadar güzel bir tablo çizerseniz çizin eşinizle kavga ettiyseniz, bilin ki çocuğunuz kavga ettiğinizi anlayacaktır, çünkü çocuklar ZANsız severler. Bu kitabın bir amacı da çocuklar gibi düşünebilmek, aynı zamanda karşımızdakini daha iyi anlayabilmektir.

"Senin yapamam dediğin, ya yapman gerekense!"

"Hepimiz kandırıldık yanlış bilgilerle, uyuşturulduk gereksiz ilaçlarla, korkutulduk sevmemiz gerekenlerle, şimdi çocuk olmak istiyoruz biraz mutluluk için. Onu da yakıştırmıyoruz adam oldun diye zihniyetlerimize..."

Kirlenmek

Herkesin bir silgisi olsaydı kirlenmek ne güzel olurdu. Bazı kalemler var ki çok kalın yazar, silmesi zordur; bazı kalemler var ki çok ince yazar ve en ucuz silgiyle bile yok olur. Kalemlerinizin kalitesi doğru adımlarınızda saklıdır; öyle derin, öyle kalın yazın ki başarılarınız silinmesin.

Ana rahminden bir yolculukla başlar kirli hallerimiz, bir doktorun elinde temizlenip veriliriz bilmediğimiz dünyaya. Gözümüzü açtığımız andan itibaren temiz olmak ilk öğretilenlerin başında gelir. Belki de ölene kadar kirleneceğimiz bilindiği içindir.

Yemeklerden önce ve sonra, sokakta oyun oynadıktan sonra, okuldan eve gelince, bir hayvanı sevdikten sonra... Her sabah kalkınca gecenin kirini temizlemek gibi...

Yaşadığımız her alanı durmadan kirletiyoruz. Evimizi, arabamızı, sokağımızı, okulumuzu, işyerimizi, barları, sokakları, vapur iskelelerini, sahilde güneşlendiğimiz şezlongun etrafını, yüzdüğümüz denizleri...

Bedenimiz kadar ruhumuzu da kirletiyoruz, ama temizleyecek malzememiz olduktan sonra kirlenmek az da olsa iyidir.

Korkularla başlıyor kirlenmek. Daha ilk yalanı korkumuzdan anne ve babamıza söylüyoruz "ben yapmadım" diye.

Okullarda devam ediyor kirlenmemiz, çektiğimiz kopyaları bile bile "ben çekmedim" diyerek, "tamam çalışacağım" deyip çalışmayarak kirleniyoruz.

Arkadaşlarımızla kirleniyoruz büyüdükçe, oyunlar oynuyoruz; saklambaçlarda 100'e kadar saymamız gerekirken 20'ye gelmeden bitti diyerek kirleniyoruz.

Aşk yaşları geliyor aşkın içinde kirleniyoruz; seni çok seviyorum diyoruz ama tek isteğimiz kendimizi sevmek ve kendimizi onsuz bırakmamak. Kendimi seviyorum, en çok da kendim için seni istiyorum demeyerek kirleniyoruz.

Sır yaşları geliyor ve dostlar ediniyoruz. Sadece sırlarını alıp sırlarımızı vermeyerek dostmuş yalanlarıyla kirleniyoruz.

Meslek yaşları geliyor, hayatta kalabilmek için çalışıyoruz. Her insan sevdiği işi yapmalı diyen dünyada, sevmediğimiz işlerde çalışarak kirleniyoruz.

Evlilik yaşları geliyor, kendimize benzemeyeni bulup kendimize benzetmek için evlilik törenleri yapıyoruz. En büyük yeminleri ediyoruz; hastalıkta, sağlıkta, varlıkta ve yoklukta daima deyip sonra...

Temiz olana dek en pis hallere giriyoruz. Bazen yalanlarla kirletiyoruz ruhumuzu temizleyecek doğrularımız varsa, bazen kalp kırarak kirletiyoruz temizleyecek özrümüz varsa, bazen de kötü sözlerle kirletiyoruz temizleyecek güzel sözlerimiz varsa, işte bu sebeple kirlenmek az da olsa iyidir.

Doğduğumuz andan itibaren hayatımız başkalarının kalemleriyle çiziliyor. Sonrasındaysa bize veriliyor kalemler ve bizler çiziyoruz yaşayacaklarımızı. Elimize kalemleri verenler silgileri unutuyor.

Herkesin silgisi olsaydı kirlenmek ne güzel olurdu. Bazı kalemler var ki çok kalın yazar, silmesi zordur; bazı kalemler var ki çok ince yazar ve en ucuz silgiyle bile yok olur. Kalemlerinizin kalitesi doğru adımlarınızda saklıdır; öyle derin, öyle kalın yazın ki başarılarınız silinmesin.

Silgilerinizin kalitesi yanlış adımlarınızda saklıdır, ne kadar kirlenirseniz kirlenin silgileriniz temizleyecek kadar kaliteli olsun.

Her ikisine de sahipseniz, her zaman olmasa da bazen KİRLENMEK de İYİDİR.

OLAYLAR NÖTR'dür, OLUMLU ya da OLUMSUZ OLMASI ise REAKSİYONLARINIZLA ilgilidir.

Olayları pozitif ya da negatif yapansa bizim onlara karşı gösterdiğimiz reaksiyondur.

Senin başına gelen benim başıma da gelebilir. Olayın duruşunu farklılaştıransa BİZleriz. Elimizdeki gücü ne yönde ve nasıl kullanmalıyız? Hep olacakları ve de karşıdan gelecekleri düşünüyoruz, asıl kendimizin ne yapacağını düşünmeliyiz.

BEYNİMİZİ EĞİTMELİYİZ
ACIMA TANRISAL BİR GÜÇ
ÜZÜLME İSE İNSANSI

MERHAMET GÜÇLÜ OLANDADIR
KÖTÜLÜK HAK EDİLMEZ (kötülük yapana sen de kötülük yaparsan, onun gibi olursun)
HER ÖĞRETİLMEYEN DUYGU TERSİ İLE YAŞANIR (doğa boşluğu sevmez). Önemli olan boşluğun ne ile dolduğudur!

Beynimizdeki olumlu ya da olumsuz duygular dip dibedir, biri artınca diğeri azalır.
Sevgi ile nefret
Merhamet ile zalimlik
Güven ile şüphe
Korku ile cesaret
Hoşgörü ile anlayışsızlık

Soyut becerilerin kullanımı arttıkça, somut beceriler azalır!
Çocuk küfür ettiğinde karşısındaki gülüyorsa, bunun tekrarında mahsur görmez.

Eşine karşı en çok hangi duyguyu hissediyorsun?
Hayatta tek sen varsın, suçlayacak başka hiç kimse yok!
Sığınacak liman yine kendinsin! Hayatının sorumluluğunu al!

İÇİNDEKİ BEKLENTİLERİ YÜKSELTMEK, KARŞIDAN GELEN BEKLENTİLERİ İSE AZALTMAK MUTLULUKTUR!

Hobiler anı güzelleştirir.
Hiperaktif çocuklar bağımlılığa adaydır (Doç. Dr. Ümran Korkmaz).
Hiperaktif çocuklar spor yapmalıdır.

YARAMAZLIK YAPIN AMA ALIŞKANLIK KAZANMAYIN (bağımlılık insana da olur, maddeye karşı da).

Başkalarının oyunlarını bozmaya çalışmayın, çözmeye de çalışmayın. İnsanlar sonunda problemlerini çözer ama kötü sen olursun.

İnsanlara ne yapacağını söyleyemezsin. Hayatlarına karıştığınız insanların, sizin hayatınıza da karışmasına müsaade etmiş olursunuz.

Anneleriyle arkadaş olanlar, arkadaşlarıyla sorun yaşarlar.

> *"İnsanları dikkatlice analiz edin; sürekli saldırgan tavırlar sergileyen, kavga eden insanların SEVGİ'ye, çekingen tavırlar sergileyen, korkan insanların GÜVEN'e ihtiyacı vardır."*

Bir şeye aşırı ihtiyaç duyduğunuzda kalitesi düşer. Beklentileri erteleyebilirsen işte o zaman kalitesi artar.

Orada sonuç vermedi, burada sonuç vermedi dediğiniz sürece beyin alternatif üretmez = TEMBELLİK

ŞANS YOLDA KARŞILAŞTIĞINDIR, OTURDUĞUN YERDE ŞANS SENİ BULMAZ.

4 yıldır istediğim işe giremedim dersen bittin, önce bir yola çık! Bak karşına neler çıkacak. Şansını kendin yarat!

"Bir düşünceye çok sarılırsan ona inanırsın. Ona inanırsan içine duygu katarsın, içine duygu kattığın inancın için davranışlarda bulunursun. Davranışlarını tekrarladıkça alışkanlığa dönüşür. Alışkanlıkların kaderin olur. Kaderini az da olsa sen belirlersin..."

"Gerçekten keşfedilmeye değersen birileri bulur seni. Ama sen çok zorlarsan her şeyi itersin. Elması herkes göremez ama herkes arar. Taşı herkes görür ama kimse almaz. Ey insan kendini geliştir eninde sonunda karşılığını alırsın."

Tekrarlanan hareketler bir süre sonra alışkanlığa dönüşür. Öğrenilmiş çaresizlik ise; bireyin bir işi yapabilecek güçte ve yeterlilikte olmasına karşın bazı iyi tahlil edilememiş deneyimler, telkinler ve baskı sonucu o işi yapabilecek güçte olduğunun farkında olmamasıdır. Yenilgiyi başarabilme gücüne sahip olduğu halde, peşinen kabul etmesidir. Buna en iyi örnek 3 maymun üzerinde yapılan bir deneydir.

Bir kafese üç maymun, ortaya da bir merdiven konmuştur. Kafesin tepesine de iple muzlar asılmıştır. Her bir maymun merdiveni çıkarak muzlara ulaşmak istediğinde, dışarıdan soğuk su sıkılır. Sadece merdiveni çıkmaya çalışan maymun değil, diğerleri de bu soğuk sudan nasibini alır. Bütün maymunlar bu denemeler sonunda sırılsıklam olur. Bir süre sonra muzlara doğru hareket eden maymun diğer iki maymun tarafından engellenir. Daha sonra maymunlardan biri dışarı alınıp yerine başka bir maymun konur. Yeni konulan maymunun ilk yaptığı iş muzlara ulaşmak için merdivene tırmanmak olur, fakat diğer iki maymun buna izin vermez ve yeni gelen maymunu döverler. Sonrasındaysa ıslanmış maymunlardan biri daha, başka bir maymunla değiştirilir. Bu maymun da merdivene yaptığı ilk atakta dayak yer. Bu ikinci maymunu en şiddetli ve en istekli dövense yeni konan maymundur. Islanan üçüncü maymun da değiştirilir. En yeni gelen maymunsa ilk atağında cezalandırılır. Diğer iki maymunun en son gelen maymunu niye dövdükleri konusunda hiçbir fikirleri yoktur. Tepelerinde bir salkım muz asılı olduğu halde, işler bu kafeste böyle gidip geldiği için artık hiçbiri merdivene yaklaşmaz.

> *"Yanlış insanlar hayatınıza girmişse sevinin, çünkü doğru insanı bulmanız için gelmişlerdir."*

> *"Hayatınızdan çıkan yanlış insanlar gerçekten bir boşluk bırakır, ama doğru insanlar için..."*

19 cm Zıplayan Pireler

Hayatta her şey hakkındaki inancımızı, yaşamımızdaki deneyimlerimizden çıkarırız. Var olduğumuzun, yaşadığımızın, düşünebildiğimizin ispatıdır inandığımız şeyler. Milyarlarca inancımız var, insanlar, ırklar, futbol takımları, mevsimler, aşklar, dinler, hayvanlar, yemekler, kültürler, sanatlar ve daha birçok şey hakkında birer inanca sahibiz. En önemlisi de kendimiz hakkında sahip olduğumuz inançlarımızdır. Sahip olduğumuz inançlardan bazıları:

- Ben topluluk önünde konuşamam.

- Bu işte başarılı olabileceğimi sanmıyorum.
- Kim kaybetmiş de ben bulayım.

Gibi binlerce olumlu ya da olumsuz inancımız vardır.

Bu en çok da çocukluk döneminde öğrendiğimiz çaresizlikten kaynaklanır, yani sınırlarımızı çocukluk döneminde belirlemeye başlarız. Nereye oturmamız gerektiği, nasıl konuşmamız gerektiği, ne yememiz gerektiği, ne yapmamız gerektiği bize devamlı aşılanır. Bu aşılama aşırıya kaçtığı zaman biz ne yapmamamız gerektiğini artık biliyoruzdur. Dikkat ederseniz evde, okulda, işyerinde, çevrede vs. yapmamamız gerekenler kurallar halinde verilir. Bunlar aşırı kaçınca da beyin sadece yapmaması gerekenlere odaklanır ve yapması gerekenleri atlar.

"Aman yavrum bak misafirliğe gidiyoruz, sakın yaramazlık yapma, yerinden kalkma, izin istemeden bir şey yeme, ben kalkıyoruz dediğimde hayır gelmeyeceğim deyip tutturma, büyükler konuşurken lafa girme, aç mısın derlerse hemen açım deme. Ne oldu, ha bir de ben sana bir şey söylerken bana böyle bakma..."

Ah bizler, daha doğduğumuz andan itibaren büyükler tarafından devamlı üzerimizde araştırmalar yapılır, hangisi tutarsa kuşaktan kuşağa aktarılır ama yalnız değiliz hayvanlar üzerinde de araştırmalar yapılıyor.

Bir kavanozun içine doldurulan pireler bir süre bekletilmiş. Kavanozun boyu yirmi santimmiş. Pireler yirmi santim zıplayıp kavanozdan dışarı atlamaya başlamış. Bir süre sonra kavanozun kapağı kapatılmış ve pireler yirmi santim zıplayınca da kapağa çarpmışlar. Çarpa çarpa artık pireler on dokuz santim zıplamak zorunda kalmışlar, çünkü on dokuz santimde kapağa çarpmadıklarını fark etmişler. İlginç olansa kapağı açtıklarında pireler hâlâ on dokuz santim zıplamaya devam etmekteymiş. Buna öğrenilmiş çaresizlik deniliyor. Bizler çaresizliği öğrenir ya da modelleniriz. Her ana baba, her işveren, her yönetici karşısındakilere hayatı ve işi öğretmek ister. Başarı öğretenin stratejisinde gizlidir. Neden hayatı çocuklara olumsuzluklardan başlayarak öğretiriz. Galiba önce acıyı göstermek daha kolayımıza geliyor. İnsan, kullanma kılavuzu olmayan bir varlıktır. Hayvanlardan farkımız düşünebilmemizdir. Bu da insanın doğru ya da yanlış her şeyi yapabileceğini gösteriyor. Sürekli bir değişim içindeyiz, ilişkilerimizi ve iletişim şeklimizi de değiştirebiliriz. Çocuğa devamlı yapmaması gerekenleri hatırlatırsan, hayatında hedef belirlerken ilk aklına yapmaması gerekenler gelecektir. Bu iç iletişim şekli de yapması gerekenlere, yani hedeflerine odaklanmasını engelleyecektir. Beyni yapabileceklerine odaklananlar başarıya hızla ulaşır. Sormak isterim, alışverişe giderken almamanız gerekenleri listenize yazar mısınız?

- Buyurun hanımefendi ne istiyorsunuz?
- Kıyma, ekmek, yumurta, süt, mantı ve patates istemiyorum.

Aile koçluğunu yaptığım bir işadamı, kızı ikinci sınıfı bitirdikten sonra iş nedeniyle taşındıklarını ve kızının bu yeni taşındıkları yerdeki okulda başarısının düştüğünü anlattı. Küçük kızın kendisiyle görüştüğümde ödev ve aldığı sorumluluklarda direktif alması gerektiğini ve devamlı ne yapması gerektiğinin ona hatırlatılmasını beklediğini fark ettim. Sonraki gün aile benim için öğretmenden bir randevu aldı. Öğretmenle tanışınca sorunun kimde olduğunu hemen anladım. Öğretmen çocukların özgürlüğünü kısıtlamayan, yaratıcılıklarını geliştirmeye çalışan bir eğitimciydi. Bana bir anısını anlattı:

"Resim dersindeydik. Doğa resmi çizmelerini istedim. Herkes çizmeye başlamıştı ama bizim kız öylece bana bakıyor, sanki bir direktif vermemi istiyordu. Yanına gittiğimde nasıl yapacağını sordu. Ben de içinden nasıl çizmek geliyorsa o şekilde çizmesini istedim ama çizemedi. Öğrendiğime göre önceki okulundaki öğretmeni resim derslerinde bir konu verdiğinde çocuklara önce nasıl çizmeleri gerektiğini gösteriyor ve daha sonra aynısını yapmalarını bekliyordu, yani onları sınırlıyordu."

Şimdilerde özel okullarda bireye özel eğitim diye modeller çıkmaya başladı. Herhalde sınırları kaldırmaya yönelik olsa gerek ama bir ülkede çocuk eğitimi nasıl alıyorsa, yaşamda da aynı yaratıcılığı kullanabileceği alanları sağlamalıyız. Yaratıcılık doğuştan gelir ve sonrasında geliştirilir ama kullanmayı öğretmezsen dikkat dağınıklığından yanlış ilişkilere, strese, sıkıntılı ruh haline kadar sonuçlar doğurabilir. Bu becerileri insan yapması gerekenleri bildiği zaman daha doğru kullanır. Eğer ne yapacağını bilmezse, devamlı hata yapacaktır.

Şimdi hepimiz bir düşünelim, hayatta ne istemediğimiz mi yoksa ne istediğimiz mi daha çok?

Bilgi
Bilgiye 3 şekilde ulaşılır:

a) **Deneyimleyerek:** Kişinin bizzat yaşayarak elde ettiği bilgidir (örn. "Sobayı elleme sıcak, elin yanar," denmesine rağmen elledin ve elin yandı, sonuçta bunu kendin deneyimledin. Isırdığın elma tatlı, bu sebepten bir sonraki ısırığında da tatlı olduğunu biliyorsun, çünkü önceden deneyimledin).

b) Tanık olarak: Çevrende yaşananlardan görerek elde ettiğin bilgidir (örn. soba sıcak olduğu için, elleme denmesine rağmen çocuk sobayı elledi, eli yandı ve ağladı, sen de onu görerek sobanın el yaktığına tanık oldun).

c) Duyarak: Ailemizden ve çevremizden duyarak edinilen bilgidir (annem, "Soba sıcak olduğu için el yakar," dedi).

Bilgilerin çoğunu başkalarından duyarak ediniriz ve bu bilgiler aslında ailenin ve çevrenin bilgisidir.
Herkesin kendisine zaman zaman şunu sorması gerekiyor: "Ben bu bilgiyi ne şekilde öğrendim?" Çünkü bilgiyi deneyimleyerek öğrenmek gerekir.

Herkesin kavramlara verdiği anlamlar farklıdır. İki kişi aynı şeyi görüp buna başka anlamlar yükleyebilir. Benim için beyaz olan şey bir başkası için siyah olabilir. Korku, endişe, kaygı gibi duygular da aslında senin adlandırdığın duygulardır sadece, hatta senin gerçeklerindir. Örneğin geçmişte bir köpek tarafından ısırıldın ve bu olay da köpeklere karşı bilinçaltında büyük bir korku yarattı. Şimdi ne zaman bir köpek görsen, seni ısıracak gibi hissediyorsun. Ancak gerçekte korktuğun o köpek seni ısırmıyor, çünkü senin kendi GERÇEĞİNDE yatan korkular o köpeğin seni ısırdığını düşündürüyor.

- İnandığın doğrudur.
- Neye inanıyorsan onu yaparsın.
- Dili programladıktan sonra başaramayacağın şey yoktur.

"Nedenleri aynı olmayanın eylemleri de bir olmaz."

Suç Pırasanın mı?

İnsanoğlu yanılır ama yanıldığının farkına varamaz. Hayatta bizi üzen ya da sevindiren şeyler gerçeğin kendisi değildir. Yaşadığımız olaylara verdiğimiz anlamlar olayı pozitif ya da negatif yapar. Hayatta gerçek yoktur, gerçeği biz var ederiz ve herkesin gerçeği gibi kabulleniriz. Dış dünyadakilerle çatışmamız gerçeklerimizi kabul etmediklerinden kaynaklanır. Zaten sizi yanınızdakinden ayıran şey inandıklarınızın farklı olmasıdır.

Amerika'da bir uyuşturucu kaçakçısının iki oğlu varmış. Hem kullanıcı hem de satıcı olan baba yakalanıp cezaevine gönderilmiş. Bu iki oğuldan biri babası gibi hem kullanıcı hem de satıcıymış, diğer oğul ise büyük bir şirkette üst düzey yöneticiymiş. Bu durum basının da ilgisini çekmiş ve bir basın kuruluşu bu konuyla ilgili bir araştırma yapmak istemiş. İzinler alınarak babayla cezaevinde bir röportaj yapılmış:

"İki oğlunuz var, biri sizin gibi kaçakçı ve kullanıcı, diğeri ise üst düzey bir yönetici. Oğullarınız arasında ayrımcılık mı yaptınız?"

"Ne ayrımcılığı ikisiyle de ilgilenecek zamanım olmadı..." demiş baba.

Babası gibi kaçakçı olan oğul da başka bir ülkede tutukluymuş. Cezaevinde olan bu oğulla da görüşülmüş. Aynı soru ona da sorulmuş:

"Babanız uyuşturucu satmak ve kullanmaktan cezaevinde, siz de aynı sebepten buradasınız, neden?"

Oğul çok ilginç bir cevap vermiş:

"Babamın halini görüyorsunuz, başka ne yapabilirdim ki."

Sonrasında üst düzey yönetici olan oğulla röportaj yapmışlar ve aynı soruyu ona da yöneltmişler:

"Babanız uyuşturucu satmak ve kullanmaktan cezaevinde ama siz büyük bir şirkette üst düzey yöneticisiniz, neden?"

Bu oğul daha da ilginç bir cevap vermiş:

"Babamın halini görüyorsunuz başka ne yapabilirdim ki."

Babanızın uyuşturucu satıcısı olması sizi de uyuşturucu satıcısı yapar mı? İnanıyorsanız evet yapar. Babanızın uyuşturucu satıcısı olması sizi üst düzey bir yönetici yapar mı? Evet, inanıyorsanız yapar. İnandığınız gerçek değil ama neye inanıyorsanız, o sizin gerçeğiniz olur.

Aranızda pırasa seven var mı? Tabii ki de. Peki sevmeyen var mı? Tabii ki de. Pırasa sevilmeli mi, sevilmemeli mi? Peki, pırasanın bundan haberi var mı? Ya da bu pırasanın suçu mu? Sevenlerin sevdiği pırasa kırmızı ya da kare mi? Gerçeği biz yaratır ve öyle olması gerektiğini zannederiz. Yanılırız ama yanıldığımızın farkına varamayız.

Her insan aynı inançla yola çıkar. İnancının genel gerçek olduğunu zanneder. Düşüncelerimiz gerçek değildir. Bulunduğumuz atmosferde hiçbir şey gerçek değildir. İnandığımız değerleri biz var ederiz. Var ettiklerimiz de bizi mutsuz ediyorsa, hayatı resetlememiz gerekir. Hayatın en zor anı insanların bilmediği şeyi bildiğini kabul etmesidir.

"İnanç, beynimizde hem açık hem de gizlice sık sık tekrarladığımız şeydir. Elmanın kırmızı olduğunu çocukken öğreniriz. Daha sonra bilinçaltına atar, orada otomatik pilota bırakırız. Milyarlarca tekrardan sonra elma kırmızıdır inancı yerleşir. Biri çıkıp elma kahverengi dediği anda hemen tepki veririz. İşte tüm inançlarımız bu yoldan geçer. O yüzden tartışırız."

Davranış Kişinin Kendisi Değildir

Oysa bizler çoğunlukla özünde davranışlara kızdığımız halde kişiyi eleştiririz, yargılarız. En büyük hata da budur. Bir kişiyle ilgili bir yorum yapılacaksa kişinin bütününe, kişiliğine göre değil de, o anda yapmış olduğu davranışa göre değerlendirme yapmak daha doğrudur. Kişiliğe yönelik konuşursan kişi değişmez ama davranışa yönelik konuşursan davranış değişir. Eğer bizi sinirlendiren davranış ise bunu açıklamamız gerekiyor. Böyle davrandığımızda karşımızdaki kişinin özbenliğine saldırmamış oluyoruz. Yapıcı eleştiriyle ve ödüllendirerek o kişinin davranışını değiştirme şansımız vardır. Karşımızdaki insana ne verirsek onu alırız. Kimseyi kendi kalıbımıza sokamayız, davranışlarından hoşlanmadığımız biriyle konuşmama hakkımızı kullanabiliriz.

Yanlış örnek:
"Sana sinir oluyorum, beni deli ediyorsun."
Doğrusu:
"Ben konuşurken gözlerime bakmamana deli oluyorum, lütfen buna dikkat et (senin bu davranışına sinir oluyorum)."

İnsanları yaptıkları davranışlara göre etiketlemekten de kaçınmalıyız. Bir kişinin hırsızlık yapmış olması onun hırsız olduğu ve bunu hep yapacağı anlamına gelmez. Ne için çaldığını ve o anki ruh halini bilemiyoruz. Ya da bir kişinin birini öldürmüş olması onun hayatı boyunca katil yaftası ile dolaşması demek de olamaz. Katilsin sen diye ömür boyu o kişiyi etiketlemek büyük haksızlık.

Davranış ödüllendirilmelidir, kişilik değil. Sen ağasın, sen paşasın diye sevilmemeli kimse. "Sen böyle davranınca ben çok mutlu oldum," denilmeli.

- insanları olduğu gibi kabullenmek, olmasını istediğin gibi onlarla konuşmak gerekir.
  Davranışları hem eleştirin hem de ödüllendirin.

"Uluorta sizi eleştiren insanlardan uzak durun, dost dediğin kimse yanında yanlışını sadece sana söyleyendir..."

"Öyle insanlar vardır ki hayatınızdan çıkınca bir tarafınızı da alır götürürler. Öyle insanlar vardır ki hayatınıza girince büyük bir boşluğu da doldururlar."

Her Sorun Bir Fırsattır

Yaşadığımız bir sorun veya kötü bir olay bize mutlaka bir şeyler öğretir ve yeni yollar bulmamızı sağlar. Bakış açımızı genişletir. Aslında sorunların amacı fırsat yaratmaktır.

%100 sorunsuzluk = delilik

Bir sorunla karşılaştığımızda aşağıdaki sorulara yanıt vererek, olayları çözümleme tarzımız hakkında bilgi edinebiliriz. Bu aynı zamanda bir kişilik testidir de.

- Sorun nedir? Son zamanlarda yaşanmış kötü bir olayı, tartışmaya neden olan bir anlaşmazlığı tanımlayın.
- Sorunun nedeni ne? Sorunun sebebini tanımlayın.
- Bunun için ne yaptın? Sorunu çözmek için seçtiğiniz yollar, yöntemler neler?
- Bu sorun size ne öğretti?

- Ben bu sorunu neden yaşadım diyebilmeliyiz.
- Aile bağlarından daha güçlü arkadaşlıkları olanlar daha uzun yaşıyorlar.
- Bir insanın samimiyetine inanmıyorsan, bu kişi kardeşin bile olsa ondan uzaklaş.
- Samimi bulduğun kişinin yanında kal, samimi olmadığına inandığın kişinin yanında bir an bile durma.

"İçinde tebessüm olan evler bulun, samimi atan gönüllere kurulun..."

"Sen de açabildiysen gözlerini bu sabaha, ikimize de bir fırsat verildi. Ve sen de uyandıysan benim gibi her yerin sağlam, ikimize de bir güç verildi. Haydi yaşama sarılma, teşekkür etme ve gönül alma zamanı."

Kiler

Hepimiz derinlerde yatan gerçeği arıyoruz. Belki de ölmemek için yaşıyoruz, yemek yiyoruz, deli gibi üreyip saatlerce uyuyoruz. Bir gerçek var görünmeyenin arkasında ve onu arıyoruz hep beraber ya da tek başımıza.

Hiç sordun mu sen, neden yaşıyorum diye?

Hiç sordun mu sen, nasıl yaşamam gerekiyor diye?

Sormadan mı yaşıyoruz bazen, sorduğumuz zamanlarsa genelde pişmanlıklarımızın olduğu anlar. Evrende, hani o görünmeyen var ya işte tam orada her insanın bir kileri var. Hayatımız boyunca sahip olacağımız her şey o kilerde saklı. Sağlık, ev, araba, sevgili, evlat, iş, kariyer, sakız, çikolata, kaza, hastalık vs.

Ama Yaratıcı hepimizin kilerindekileri biliyor.

Kilerleri bilirsiniz. Ölmemeyi garantilemek için aldığımız tüm yiyecekleri orada saklarız. İhtiyacımız olduğunda da çıkarır tüketiriz.

Görünmeyenin arkasında her şeyimiz var ama bir türlü bize verilmiyor. Belki de biz almasını bilmiyoruz. İnsan tertemiz ve tamamen zengin bir dünyaya doğuyor. Kendisini ömür boyu yaşatacak her şey görünmeyenin arkasında saklı. Sadece gerçekten ihtiyacı olduğunda ve bedelini ödediğinde alabiliyor. Sağlık mı istiyorsun o zaman bedelini de öde; beslenmene dikkat et, bedenine zarar verecek şeylerden uzak dur. Haydi öde bunları.

Mutluluk mu istiyorsun o zaman öde bedelini; ilk önce sen mutlu et. Para mı istiyorsun o zaman bedelini öde; çalışacaksın. Rahat mı uyumak istiyorsun, o zaman kimsenin arkasından konuşmayacaksın, tutamayacağın sözler vermeyeceksin. Haydi öde bedelini.

Ne kadar güzel bir güç verilmiş bize, istemek. İnsan her şeyi isteyebilir. Uçmayı, çok zengin olmayı, sonsuz yaşamayı ama sadece hedeflerine ulaşabilir. Görünmeyenin arkasında istekler değil hedefler vardır.

Kilerde sadece güzel şeyler olmaz kötülükler de vardır.

Mesela başına büyük bir felaket gelecek. Bunun için Yaratıcı seni uyarır, bak bu felaket onadır. Devam ederse kötü huylarına ona hissettirin. Bazen insan görmez o mesajları ve devam eder. Farkına varmadan devam eder. Sonra da başına kilerden bir felaket düşer. Neden der? Bulamaz. Neden der, bulamaz. Göremez ki hata kendinde. Alışmış, çünkü hep başkasındaki hataları görmeye. İnsan kendine bakar ama hep başkasındaki hataları görür. Bakmak ve görmek o kadar farklıdır ki. Her yere bakarız ama her yeri göremeyiz.

Her yeri görebilseydik; savaşlar olmazdı, hırsızlık olmazdı, analar terk edilmezdi, eşler aldatılmazdı, çocuklar doğrulup bir kenara atılmazdı, arkadaşın kuyusu kazılmazdı, kimse ağlamazdı. Bakanlar çoğaldı ama gören kaç kişi kaldık? Kaç kişi kaldık görüp dokunan.

Görünmeyenin arkası çok zengin, istemeyi bilene. Bu sırrı çözdüğümde o kadar değişti ki düşüncelerim. O an anladım hepimiz sadece hak ettiğimizi yaşıyoruz. Ne seninki benden az ne de benimki senden fazla. Geçmişimiz ve geleceğimiz hak ettiklerimizle dolu. Yaratıcı, insanlar arasında ayrım yapmayacak kadar yücedir. Ayrımı yapan insanın kendisidir.

Yaratıcı sadece hak edene mevki verir, insan ise yakınlarına torpil geçer. Yaratıcı sadece hak edene ödül verir, insan ise çıkarları olana. Tabii ki de bazı insanlar.

Ey insan ne çok böbürlen elindekilere ne de çok hafife al. Ne zaman aklına evren gelirse kendini bir bit kadar ufak, ne zaman aklına bir yoksul gelirse bir evren kadar büyük olduğunu hissediyorsan insansın. Şimdi sadece düşün, elin kanadığında, düştüğünde, para kazandığında, iflas ettiğinde ya da aldatıldığında neden diye? Başımıza gelen her iyi ya da kötü şeyin anlamını keşfeden hayatın farkındalığına ulaşır, ulaşamayanlar ise hiç ölmeyeceğini sanır.

Hayatın farkındalığına ulaşanlar ölümsüzdür, ulaşamayanlar ise her an ölmeye mahkûmdur.

Önemli olan istediğimiz şeye ulaşırken bunda ne kadar SAMİMİ olduğumuzdur. Önümüze çıkan engelleri nasıl irade ile aştığımızdır önemli olan. Samimiyet, istediğini elde etmede çok önemli bir ölçüttür.

- Samimiyeti en iyi zaman sınar.
- Bir şeyi isteyip de eyleme geçirdiğimizde buna PERFORMANS denir.
- Performansa dönüşmemiş motivasyona STRES denir.
- Ya istediğini yap ya da yapamayacağını isteme.
- Kararları mantıksal verin, süreci ise duygusal yaşayın.
- İnsanların mutsuzluğunun ana sebebi SONUCU DÜŞÜNMEKTİR (hayat benim kontrolümde değil. Örneğin iş için benden istenen projeyi kusursuz hazırlayabilirim, bu benim elimde fakat yönetim tarafından kabul edilip edilmemesi benim elimde değil. Bu sebepten sonucu görmeden kendimizi mutsuz edebiliyoruz).
- Duyguları (soyut düşüncelerinizi) somutlaştırın, eyleme geçirin (örn. fakir biri için üzülüyorsak, ona yardım ederek bu durumu somutlaştırabiliriz).
- Somutu soyuta çevirebilen tek canlı insandır (örn. daha önce gördüğümüz bir manzarayı, zihnimizde canlandırmak, hayal etmek gibi).

- Sabır zihindedir bedende değil.
- İnsan biriktirdiği şeyi karşısındakine verir (örn. öfkemizi biriktiriyorsak karşımızdakine de bunu veririz ama bu karşımızdakinin öfkemizi hak ettiğini göstermez).
- Kişiye yanlışı düzeltmek yerine duyguyu öğretirsek daha kalıcı ve verimli olur ("Çiçek koparma!" demek yerine çiçek dikmeyi öğretmek gibi).
- Yaşamdaki maskelerimiz çoğaldıkça bozulma başlar. Maskelerimiz az ve öz olmalıdır, çünkü çok olunca her şey birbirine karışır.
- Korkular sınırlandırılmalıdır. Ucu açık bırakılırsa büyür gider.
- Doğru olanı seçin, güzel olanı değil. Bir şeyi gerçekten isteyen kişinin önünde kimse duramaz, bunu unutmayın.

"Duygularımla kelimelerimi buluşturmak istiyorum ama hep kavga ediyorlar. Eninde sonunda duygularım kazanıyor."

Oyun Başlıyor

Ben bilmezdim insanların melek ya da şeytan olduklarını, hele kendimi hiç bilmezdim. Meğer ben de birilerinin meleği birilerinin de şeytanı olmuşum.

İnsan niyet ettiği an başlarmış bu işler hem de duygularıyla en çok boğuştuğu anda...

Hani bazen çok kızarsın ya birine, içinde yakıp yok etmek istersin. Duyguların öfke kusar, mantığın durdurur ya işte öyle bir anda.

Beyin sevmez kararsızlığı bir şeylere karar ver, uygula der ve devamlı bunu fısıldar sinsi sinsi. İşte kızdığın an bir karar vereceksin. Aslında niyet edeceksin...

Mesela canın yandı, can yakmak istedin. Eski bir plak gibi beynin konuşmaya başlar:

"Sen bunu hak etmedin, sen de ona bir şeyler yap, haydi bir şeyler söyle!" der.

Sen buna niyetlendiğinde ama gerçekten çok istediğinde oyun başlar, o anda başlar oyun.

Tüm evren senin için öyle bir çalışır ki, senin bu olumsuz niyetine insanlar bile hizmet eder. Hayat bakmıyor gerçekten ne istediğine ve hepsini cevaplamak için kölen gibi çalışıyor.

Birileri çıkıyor karşına, bazen ailenden biri, bazen sevgilin, bazen de arkadaşların. Senin düşünceni haklı çıkarıyorlar: "Bu hayatta altta kalmayacaksın, kötü olmak lazım, iyi olduk da ne oldu?" gibi bir sürü haklılık içeren cümle.

İşte artık gerçeği göremiyorsun, hayatında herkes bir anda sanki seni haklı çıkarmaya çalışıyor gibi ya da sen mi böyle algılamak istiyorsun?

Yapıyorsun kötülüğü, veriyorsun tepkini. Bir bakıyorsun herkes yine aynı...

Öyle bir ilizyon ki bu hayat. Düşündüğün her şey duaya dönüşüyor. Sen tesadüf olduğunu zannederken aslında dileklerin gerçekleşiyor.

2 sene sonra bir ev alacağım diyorsun. Başlıyorsun para biriktirmeye ama unutuyorsun ev alma hedefini. Aradan zaman geçiyor, paran birikiyor ve başlıyor dualar yanıt bulmaya. Her gün okuduğun gazetedeki ev ilanları bir anda dikkatini çekiyor, otobüs durağında senin istediğin evi anlatan birilerini dinliyorsun, arabanla geçip gittiğin yolların kenarındaki ilanlar sanki senin için konmuş zannediyorsun. Her şeye tesadüf gözüyle bakarken alacağın evi buluyorsun.

Zannetme ki tesadüf, bil ki çok istedin ve bu da niyetinin karşılığı.

Bir anda hayata isyan ediyorsun, "Artık iyi olmayacağım," diyorsun.

Öyle bir diyorsun ki, karşına iyi olmamanı sağlayacak yeni yeni insanlar, olaylar çıkıyor ve işte oyun başlıyor. Ya oynayacaksın ya oynayacaksın. Ama nasıl?

Yıllarca kendini tuttun, o kadar acı çektin ki geçmişinde, ömründe hep o acıları yaşamamak için doğru olmak istedin ama dayanamıyorsun artık ve patlıyorsun: "Ben ne kadar kötü bir çocukluk yaşadım, bunları hak etmedim, yaptığım her şeyin sorumlusu annem ve babamdır," diyorsun. Oyun başlıyor. Onları suçladıkça artıyor hataların. Aslında hatalarını arıyorsun ve bulana kadar da hata yapıyorsun.

Çok kesin konuşuyorsun bazen: "Hayatta yapmam," diyorsun, o kadar yoğun diyorsun ki yine oyun başlıyor. Hep yapmanı istiyor sanki hayat. Sürekli denenir gibi... Başa dönüp dönüp duruyor.

Diyorsun ki şimdi bana: "Yaşadığım onca acıyı ben mi istedim yani?"

Anla artık olaylar nötr ve hiçbir etkisi yok olayların. Onları olumlu ya da olumsuz yapan sensin. Senin tepkilerin. Tepkin neyse ona yakın olaylar da sonrasında artıyor.

Bir bardak kırılıyor. Kıran ise çocuğun. Ya bağırıp çağırarak kırıyorsun çocuğu ya da sakin davranıp sadece kırılan bardağı topluyorsun ama farkında değilsin ki sen sakince bardağı toplayana kadar bağırdığın çocuk sürekli bardak kıracak.

İlk defa aldatılıyorsun, diyemiyorsun ki ne yapmam lazım diye? Bir tepki veriyorsun, yıkıyorsun her şeyi yine yanında kalıyorsun aldatanın. Aradan 10 yıl geçiyor bakıyorsun ki hâlâ aldatılıyorsun ve her aldatılışında da aynı tepkiyi veriyorsun.

Yıkıyorsun her şeyi ama yine aldatanın yanındasın. Sonra da isyan ediyorsun: "Yeterrr!..." diye.

Ama hiçbir şey değişmiyor, çünkü hayat sürekli aynı olayı tekrarlıyor ve diyor ki:

"Ya tepkilerini değiştirirsin farklı olaylar yazarım ya da hep aynı kalırsın arada bir yine aynı olayla uğrarım."

"İnsanoğlunun başına kötü olay bir kere gelir ama zihninde defalarca hatırlayıp kendisine aynı acıyı çektirir."

"Yapmamız gereken en önemli şey, bizi üzen ya da korkutan şeyi doğru analiz etmek. Yani olayı tarafsız kendimize iyice anlatabilmek. Sonra, 'Ben normalde nasıl reaksiyon veriyorum bu sıkıntıma?' diye sormalıyız. Daha sonra da, 'Bu olay beni neden üzüyor ya da korkutuyor?' diye sormalıyız. Cevabı bulana dek devam etmeliyiz."

"Öyle bir an var ki herkes için. İşte o an herkesin çaresi gelir ayağına. Sabır, umut varsa içinde şükredersin, biraz aceleci ve ümitsizsen isyan edersin."

"Bazen çok büyük bir sıkıntı gelir üzerinize, üstünüzde olan sıkıntıları da alır götürür. Arkasındaki güzellikle birlikte. Güzellikler sıkıntıların arkasında gizlidir."

"İnsanları başınızın üstüne almayın yük olurlar, ayağınızın altında ise köle olurlar. Onları gönlünüze koyun ki yerlerini bilsinler. Hak eden kalır etmeyen gider."

"Diyelim ki hayatınıza bir insan girdi ve size hep kötülüğü dokundu. Siz de hayatınızdan çıkarmaya karar verdiniz. Unutma-

yın hayatınıza girmesi ve kalması ne kadar süre aldıysa, gitmesi de o kadar zaman alır."

"İnsan bir başkasını değil, başkasına verdiği anlamı sever. Kişi hayatınızdan çıkar ama ona verdiğiniz anlam bir süre kalır. Sonra anlam değişir, hayat değişir."

"Bazen birilerinin gelmesi uzun zaman alabilir. Belki de bir boşluk gerekiyordur hayatınızda. Dolu tarafa bir şey alamazsınız."

"Hayatımdaki yanlış insanların farkındayım ama zaman veriyorum kendilerini görmeleri için, çünkü söylersem kabul etmeyecekler. İnsanoğlu gördüğüne inanıyor."

"Biliyor musun sen istediğin yolda ilerlerken bazı insanların hayatından çıkması gerekebilir. Eğer doğru yolda isen üzülme, giden mutluluğun içindir."

"Nereye gidersek gidelim, ne yaparsak yapalım, ne giyersek ya da ne içersek içelim bitiyor. Hiçbiri verdiği mutlulukla uzun süre kalmıyor. Galiba bazı insanlar da öyle bizim için."

Beyin Filtreleri

Cinsiyet değişmez ama kadın erkekleşiyor, erkek de kadınlaşabiliyorsa her şeyin değişebileceğini düşünebiliriz.

Alın, bilinçdışının olduğu (şikâyetlerle ilgili olan) yerdir. Hedef ise, anı tüm varlığınla yaşayabilmektir.
Çocuklar ve hayvanlar anı yaşıyor.
Hayvan şu anda ne bulduysa onu yer ve sonrasındaysa ne olacağını bilmez, acıkınca yemek arar, bulduğunda da yaşamına devam eder.

Beyinden talimatı en hızlı alan organ eldir ve eldeki sinir uçları çok etkilidir.

İnsan hayatında en çok dillendirdiği şeyi yaşıyordur.
Kendimizi haklı çıkartmak isteriz, çünkü EGO bunu ister.
Öğrenilmiş çaresizlik = ZAN

Beynimiz saniyede (görsel, işitsel, dokunsal) 5 milyara yakın mesaj alır ve aldığı bu mesajları aşağıdaki işlemlerden geçirir.

1) Silme
Beynimiz ego merkezlidir. Bu yüzden de egomuza ve çıkarımıza uygun olanı alır, geri kalanı da siler atar.

2) Kıyaslama
Geçmişle şimdiki zaman arasında kontrolsüz olarak yapılır. Kıyaslama kişiden kişiye değişkendir. Çıkarımlarımızı kıyaslamanın sonucuna göre yaparız. Kıyaslama malzemesi arttıkça yaşam kalitesi de artar. Örneğin köyde yaşayan biriyle, şehirde yaşayan birinin kıyaslama malzemeleri farklıdır.

Bir eylemi belirli aralıklarla 6 kere tekrarlarsak karşımızdaki kişinin bizim hakkımızda edindiği imajı değiştirebiliriz/ yıkabiliriz (örn. genelde çiçek almayan bir eş bir anda elinde çiçekle gelirse şüphelenir ne oldu diye düşünürsün ama farklı zaman aralıklarında 6 kez daha çiçek getirmeye devam ederse, beyin sebepsiz aldığına inanır).

Kadına sadece anaç diyenler kıyaslama malzemesi az olanlardır.

"Beyin bir düşüncenin olumlu ya da olumsuz olmasıyla ilgilenmez. Hangisi sık tekrarlanıyorsa onu sıcak tutar. Yani bize sürekli hizmet eder. Sık tekrarladığımızı en çok istediğimizi zanneder."

"Bir davranışın alışkanlığınız haline gelmesini istiyorsanız, sık sık tekrarlamanız gerekir. En az 21 gün tekrarlandığında beyin o davranışla ilgili inanç geliştirir."

İlk önce kendini tanıyacaksın ki, başkasını çözesin.

3) Çapalama (bir imajdır)

Psikolojide çapa (çıpa) atmak denir. Çapalama bir şeyi başka bir şeyle birbirine bağlamak, iki şey arasında ilişki kurmaktır. Beyin bir şeyleri çapalar, yani sabitler ve rahatlar. Beyinde son ve tekrarlanan görüntüler çapalanır.

Şimdi veya geçmişte başımızdan geçen her şey, görme, işitme, dokunma, koku ve tat gibi duyusal deneyimlerin bazılarını veya hepsini içerir. Birisine ait bir kokuyu yıllar sonra duyduğunuzda size o kişiyi hatırlatması gibi... Bunlar bizi olumlu veya olumsuz ruh hallerine iletebilecek bağlantıları ya da hatıraları ateşler. Genelde çapalarımızın ve onların bizi nasıl etkilediğinin farkında değiliz. Korkularımız da, kaygılarımız da çapalarımızdır. Çapalar her gün etrafımızda doğal bir şekilde oluşmaktadır. Bizlerin de başkalarının beyinlerinde çapalanmış hallerimiz, kokularımız, davranışlarımız vardır. Kişisel çapalarımızı tanımalı bunlardan pozitif olanları saklamalı, negatif olanları ise pozitife çevirmeye çalışmalıyız. Örneğin zihninde kısa eteği çapalamışsa tahrik olur. Fobiler çapalardadır.

"Bir insan yoğun bir durumda iken, kendisine deneyimin doruğunda spesifik bir uyarı verilirse, deneyim ile uyarı arasında nörolojik bir bağlantı kurulur." Buna çapa denir.

P. Bond

4) Yargılama/Genelleme

Beynimiz yukarıdaki tüm işlemleri gerçekleştirdikten sonra bir fikir ortaya çıkarır ve bunu yargılamaya/genellemeye başlar. Odak nereye giderse enerji de oraya akar. Kişinin yaşadığı tek bir deneyim kesin bir doğru olarak kabul edildiğinde genelleme yapılmış olur. Sözü uzatmamak için yapılan genellemeler iletişimi kolaylaştırır. Yapılan genellemeler yargıya dönüştüğünde ise iletişimde kopukluk olur. Genellenmeler insanları ya güçlendirir ya da sınırlandırır (insanlar beni sevmiyor, o beni asla dinlemez, kimse beni anlamıyor vb.).

Yargı (genelleme) olmasaydı herkes aynı şeyleri düşünür ve aynı şeyleri yaşardı.

Örneğin Can yedi yaşında bir çocuktur ve on iki yaşında da bir abisi vardır. Abisi odasında oynarken can kendisi ile ilgilenmesini istediği için devamlı yanına gidip onu rahatsız eder.

Bu süre uzadıkça abisi rahatsız olmaya başlar, en sonunda da Can'ı iter ve yere düşürür. Can ayağa kalkar (bundan sonraki süreç hep klasiktir. Genelde hepimizin yaptığı silme şeklidir) ve, "Sen görürsün," diyerek annesinin yanına gider ve annesine olayı tek bir cümleyle özetler: "Abim beni dövdü."

Can'ın beklentisine ve çıkarına uygun olan silme şekli budur. Abisini rahatsız ettiği süreçleri siler ve çıkarına uygun olan itme sürecini alarak annesine anlatır. Hepimiz ilişkilerimizde iletişimimizde farklı silmeler yapar ve bunun gerçek olduğuna inanırız. Mesela bu kitabı okurken dışarıdan bir sürü mesaj alıyorsunuz. Bu mesajları görmek istiyorsanız elinizdeki kitabın şeklini değiştirmeden kitaptan başka etrafta neleri gördüğünüze dikkat etmeye çalışın. Şu anda görsel alanda bir sürü mesaj alıyorsunuz ama odağınız kitapta olduğu için beyin diğer mesajları kayda değer bulmuyor. Derste hocayı dinlerken onun dışında birçok şeyin (sandalye, ışık, ses vb.) farkındayız ama ihtiyacımız olmadığı için çoğunu atarız ve sadece hocaya odaklanırız. Beyin silmeden sonra kıyaslama aşamasına geçer. Herkesin deneyimleri, yaşadıkları farklı olduğu için kıyaslamaları da farklı olur. İnsanlar geçmişle geleceği ya da şimdiki zamanı kıyaslar. Kıyas malzemelerimizi artırmamız gerekir. Bu malzemelerin artması demek daha çok bilgi öğrenmemiz gerektiği anlamına gelir. Yaşadığımız olayları iyi, güzel, başarılı veya doğru olarak değerlendirebilmemiz için daha önce tam tersini yaşamış olmamız gerekir. Bir eşyayı pahalı bulan kişi öncesinde daha ucuzunu gördüğü için böyle bir kıyaslama yapar. Bir olayın o kadar da kötü olmadığını söyleyen kişi daha kötüsünü bildiği için böyle kıyaslama yapar. Hayatta hiç acı olmasaydı, tatlıyı bilemezdik. Bizi mutluluğa ya da mutsuzluğa götüren bu kıyaslamalardır. Kıyaslama malzemelerini artırırsak farklı bakış açıları getirebiliriz. Üniversitede okuduğum yıllarda ara

ara bilmediğim şehirlere gider, o şehrin ya da yörenin insanı ile tanışır, misafir olurdum. Bir gün Balıklı Göl'ü çok merak ettiğim için Urfa'yı ziyaret ettim. İndiğim yerden herhangi bir minibüse bindim ve kendimi Siverek'te buldum. Giderken çantama devamlı bozulan ve kayıt yapma özelliği de bulanan bir müzik çalar attım. Benim İstanbul'daki kıyaslama yaptıklarıma göre para etmeyecek bir cihaz iken sadece ses kayıt etme özelliği nedeniyle bir hafta boyunca Siverek'te farklı bir dünyadan gelmiş gibi karşılandım, çünkü oranın kıyaslama malzemeleri farklıydı. Kişinin yaşadığı yer, aldığı kültür, eğitim, ekonomik standartları, inandığı din ve okuduğu kitaba kadar her şey kıyaslamasını etkiler.

Kıyaslama malzemelerinizi çoğaltın, çünkü olaylara bakış açınız fazlalaşır.

"Başarısızlık yoktur sadece istenmeyen sonuçlar vardır.
Nerede vazgeçtiysen oradan devam et."

"Her insanın algısı farklıdır. Kimi algıladığı her şeyi ilk önce olumsuzluk süzgecinden kimi ise algıladıklarını olumlu süzgecinden geçirir. Sonuçlar her zaman farklıdır. Bu yüzden senin sevdiğinden diğeri nefret edebilir."

İnsanoğlu iki türlü algıyla yaşar; iç algı ve dış algı. Normalde ikisinin ortasında yaşamalı ve ikisini de dengede tutabilmeliyiz.

İç algı ve dış algı birbirine bağlıdır, biri azalınca diğeri artar.

İç Algı Yüksek Olduğunda geçmiş odaklı oluruz. Depresyondayken iç algı boyutundayızdır. Unutkanlık ve hafıza kaybı da iç algıda yaşanmaktadır. Bazı şeylerin farkında değilizdir. Uyuyamama hali iç algı yükseldiğinde olur. Çocuklar iç algıdayken genelde yere bakarlar ve mesajları alamazlar. Çocuğa bir mesaj vermek istiyorsanız, kafasını size doğru kaldırmalısınız ancak o zaman mesajı iletebilirsiniz. Aşırı iç algı ciddi bir problemdir. Beyninizi siz yönetin. Beyin, iç algının çok olduğu durumlarda dış algıya ihtiyaç duyar. Eğer bir toplulukta dalıp giderseniz hemen dış algıya geçin. Bu çok önemli bir süreçtir hemen iç algıdan uzaklaşıp çıkın... İç algıdayken sık sık dalmalar olur. Transta, geçmiş ve gelecek yoktur. İnsan karşıya bakar ve kalır. Eğitim verirken iç ve dış algı dengede olmalı ve nerede, hangi boyutta olduğunuzun farkında olmalısınız. Geçmişi değiştiremeyiz ama geleceği şekillendirebiliriz. Duygularını, yani iç algılarını pervasızca dışarı vuranlar kontrolsüz davranışlar gösterirler. İnsanlar çoğunlukla iç algıda dolaşır, düşünür.

Dış Algı Yüksek Olduğunda dış algıda konsantrasyon artarsa iç algıyı yönetemez duruma geliriz. Dikkat eksikliği oluşur. Hiperaktivitede dış etkenler de çok önemlidir. Kitap okumak, spor yapmak, yürüyüş yapmak, alışveriş yapmak, ev temizlemek ya da yemek yapmak algımızı harekete geçirir. Çocukların öğrenme çabukluğunun sebebi iç algılarının olmayışı, dış algılarının ise gelişmiş olmasıdır.

- Danışan kişi iç algı durumunda gelir, bu sebeple onu dış algıya çekmeliyiz.
- İç algıdaki beklentimizi dış algıda göremezsek şaşırırız.
- Dikkat eksikliği olan çocuklarda dış algı vardır ve kolay kolay odaklanamazlar.
- Fobilerin hepsi iç algıdadır.
- Kitlesel iç algılar arttığında psikolojik problemler de artar (deprem vb. felaketler).
- Beyinde en çok neyi yaşarsan hep o yaşanır.

Yabancı bir ülkeye gittiğimizde dış algımız daha açıktır.
Zeki olan başkasının da çıkarına hareket eder, kurnaz ise sadece kendi çıkarını düşünür.

"İnsanlığın zeki insana ihtiyacı yok, güvenilir insana ihtiyacı var. O da az ama bulacağız."

"Hayatıma zeki insan aramıyorum ki, zekiyim deyip durmanın anlamı ne?"

"Neye duyarlı iseniz sorumluluğunu da almak zorundasınız. Aç olan insanlara üzülmekle olmuyor sorumluluğunu alıp aç bir insanı doyurmak gerekiyor."

"Bazen yapmak istediklerinizi yanlış yerlere ekersiniz sonra da oturup ağlarsınız. Hata, yapmak istediklerinizde değil olduğunuz yerdedir."

Israrla İsteyin

Neden insanoğlu her istediğinin anında olmasını ister ki? Sanki bu dünyaya bir anda gelmiş gibi yaşamanın anlamı ne? Hangimiz bir anda sevgimizi verebildik birilerine. Sevmek için zamanın gelmesini beklemedik mi? Kim bir anda mal sahibi olabildi? Kim bir anda iflas etti ki, her şey bir anda olsun.

Hepimiz durduğumuz yerden seyrediyoruz hayatı. Nerede yaşıyorsak öyle zannediyoruz her şeyi. Binlerce gerçek yaratıyoruz ve yarattığımızı gerçek zannediyoruz. Bana öyle bir gerçek söyleyin ki bu dünyada yaşayan her insan sizinle aynı fikirde olsun.

Hepimiz mi kırmızıyı seviyoruz, hepimiz için mi süt faydalı, herkes mi şansa inanıyor, tüm dünya insanı için mi başarmak zor?

Bir an olsun hiç durmayı denediniz mi yerinizde?

Durdurun 5 dakika da olsa düşüncelerinizi, gerçeklerinizi. Bir analiz yapın kendiniz olmadan. Belki de sorumluluk almak lazım yaşadığımız her şeyde. Sadece bizim dışımızdakilerin sorumlu olduğunu düşündükçe lanet ediyoruz istemediğimiz şeylere. İnsan en çok ne yapıyorsa ona bürünecektir. En çok neyi düşünüyorsanız onu verecektir evren size. Çok dikkatli olmak lazım, çünkü beyninizde en çok tuttuğunuz şeyle bir gün yüzleşeceksiniz ve en sonunda da kendi kendinize şunu söyleyeceksiniz, "Ben demiştim bak."

Bazen her istediğimiz olmadığı için binlerce kez şükretmek lazım Yaradan'a. Çoğu istediğimiz şeyin arkasındaki felaketleri göremiyoruz. Eğer görebilseydik insan olmanın ötesine geçerdik.

Bunu Yaradan istemiyor, olacakları bilseydi insanlar yaşadıklarını anlamazdı. Ne hedefleri kalırdı ne de ümitleri...

Hayvanların nasıl yaşadığını farklı bir açıdan hiç gözlemlediniz mi? Hayvanlar her sabah nerede yemek yiyeceklerini, nerede uyuyacaklarını, nelerle karşılaşacaklarını bilmeden yaşarlar. İnanılmaz bir hedefe odaklanma söz konusudur. Hiçbir hayvan isyan etmez, hatta vazgeçmez. Ne intihar eder ne de depresyona girer.

Ama bizler her sabah nerede uyanacağımızı, nerede ne yemek yiyeceğimizi, az da olsa nasıl yaşayacağımızı bildiğimiz halde mutsuzuz. Daha neyi bilmek istiyoruz ki, sabır, sabır, sabır. Hayat uğruna bedel ödemek lazım. Bedelini ödemediğiniz hiçbir şeyin hazzını yaşayamazsınız. Çocuklar için çok fazla bedel ödediğiniz için en kıymetli varlıklarınız onlardır. Eviniz, eşiniz, işiniz için çok fazla bedel ödediğinizden dolayı onları kaybetmemek için elinizden geleni yaparsınız. Şans oyunlarında büyük ikramiyeyi kazanıp ömrü boyunca yiyen tek bir kişi tanıdınız mı? 100 milyarı kazanmak için yıllarca çalışan birinin para harcamasıyla, bir gecede 100 milyar kazanan kişinin harcama şekli bir olur mu?

Az bedel ödeyip çok mutlu olamayız.

Bizler Yaratıcı'dan bir şeyler istediğimizde, istediğimiz şeyi hak edip hak etmediğimize bakar. Dünyaca ünlü bir doktorla, SSK'da çalışan bir doktorun ödediği bedel bir olamaz. Kaldırımda yürürken yanınızdan geçen Ferrarili birine içlenmeyin. Huzur somut şeylerde değil. Bir gün isteyenle bir ay isteyen arasındaki fark ısrar gücüdür. Israr gücünüz arttıkça ulaşma potansiyeliniz de artacaktır. Şiddetli bir yumrukla duvara vurduğunuzda elinizi parçalarsınız. Her gün yavaş yavaş duvara vurduğunuzda bir süre sonra duvarı parçalarsınız. Şimdi bir düşünün bir anda mı olmalı, yavaş yavaş mı olmalı?

Haberlerde hemen hemen her gün çocuk ve genç ölümlerini duyuyoruz. 20 yaşındaki bir evladın acısıyla 3 yaşındaki bir evladın acısı bir olamaz, çünkü her ikisine de ödenen bedel bir değil.

Gündelik hayatımızda sıkça kullandığımız bir cümle var: "Haydan gelen huya gider", yani bir anda gelir ve bir anda da gider. Bazı çocukların, hatta bazı yetişkinlerin bile elindekilerin kıymetini bilmemesi bu yüzdendir. O oyuncak, o eşya, ev, okul, elbise için bedeli anne babalar öderken evlatlar sömürür. Herkese bedel ödetin. Evi, eşi için bedel ödemeyen kıymetini de bilemez.

Şimdi tüm isteklerinizi zamana yayın. Yaydığınız zaman içerisinde de ısrarla isteyin ve eylemde olun. Ne yaşarsanız yaşayın ısrarcı olun. Dualarınızı sadece bir aya sığdırmayın, dilekleriniz için hıdrellezi beklemeyin, kilo vermeye sadece yaza doğru başlamayın; ne istiyorsanız her gün biraz isteyin. Az gibi gözüken şeylerin toplamından büyük sonuçlar doğar.

Büyük bir çığ tek tek düşen karların toplamından oluşur. Hayatınızdaki büyük sonuçları yaratansa küçük küçük isteklerdir. Yeter ki ISRARLA isteyin.

MUTLULUK bir şeye ihtiyaç duymama halidir (rakamlar konuyu daha iyi anlatabilmek için kullanılmıştır).

Toplamda her insanın 80 birim mutluluğu vardır.
10 birim aileden, 20 birim işten, 30 birim arkadaşlardan, 15 birim hobiden, 5 birim de alkolden.

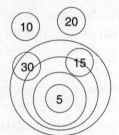

Biri arttıkça diğerlerinden almaya başlar.
Elinden alırsan saldırganlaşır.
Sabırlı olunması gerekiyor.
Bir süre sonra üretmeye başlar.

Birden 80 birime çıkarsak ertesi gün dönüşte -10'dan başlarız ve bütün gün 80'i tamamlamaya çalışırız. Ertesi gün -20'den başlarız (alkol, uyuşturucu vs.). Bağımlılık böyle oluşuyor.
- Psikolojide ilişkiler nasıl başlıyorsa öyle biter.
- Yavaş yavaş başlar ve yavaş yavaş da biter.
- İnsanın mutlu olduğunu öğrenmek için uğraşlarına bakın.
- Mutluluk bir şeye ihtiyaç duymama halidir.

- İnsan ancak ürettiği zaman mutlu olur. Bir insanın mutlu olup olmadığını uğraşlarına bakarak anlayabilirsiniz.
- Üretmeyen, sadece tüketen çocuklar saldırgan ve hiperaktif olurlar, hatta mutsuz olurlar. Çocuğa hak etmeden, bedel ödetmeden alınan her şey (örn. ev ve araba gibi), ileride onun kendine bir şey alma yetisini kaybettirir. Alacağı şeyler konusunda destek olmak daha yapıcıdır.
- Kişi birçok şeyden haz almalı. Haz noktanız tek bir şeyse (çocuk-seks-TV vb.) MAHVOLDUNUZ demektir! Bir şeyden değil, birçok şeyden zevk alan bireyler olmalıyız.
- Haz noktalarınızı dengelemezseniz ve tek bir haz noktanıza ağırlık verirseniz (kumar, seks vb.) diğerlerinin alanından çalarsınız.

- Psikolojide bir şey geldiği hızda gider.
- Bedel ödemeyen kişi çabuk vazgeçer.

"Hangi gönüle aşk ekersen ek, onu sulayacak vaktin, açtığını seyredecek gözlerin yoksa boşa yaşamışsın."

Tanrı Olmaya Çalışmayın

Ölümü kabullenmeyenlerin yoğunlaştığı dünya, bu dünyadır. Etraf psikolojik rahatsızlık yaşayanlarla dolu, hepsinin derdi ortak: Ölümü kabullenmemek. Sonuna kadar yaşama isteği, istenilen sonun ise bilinmezliği. Özünde ölüm kavramının altında yatan gerçeği kabullenmediğin sürece sürekli hastalığa mahkûm oluyorsun. Bazılarımıza psikolojik rahatsızlığın dışında fiziksel hastalıklar veriliyor. Bir an için neden bunun bize verildiğini bir düşünelim. Ancak herkeste ortak bir inanç var; neden ben, ben bunu hak edecek ne yaptım? Sadece yanlış şeyler yapan insanların hastalandığını size kim söyledi?

Ya da neden kendi yakınlarımıza ölümü yakıştıramıyoruz, nereden geliyor bu bize bir şey olmaz inancı?

Gizli vahiyler mi alıyoruz yoksa? Böyle bir şey olsa Türk insanı yerinde durmaz kanal kanal gezer peygamberliğini ilan ederdi. Demek ki ortada vahiy falan yok. Öbür tarafa gidip de ömür çizelgesi alan var mı aramızda? Şu bir ışık gördüm diyenlerin dışındakiler lütfen!

İyice karıştık, insan tanımlarının dışına çıkar olduk. Âlemler arası gezenler, ruhlar arası gidip gelenler, gözünü kapatınca kanala girenler. Ne oluyor çok merak ediyorum. Ayaklarımız yere basmadan yaşama çabası da neyin nesi. Evin, arabanın, paranın ve hatta eğlencenin haz vermediği zamanlara giriyoruz yavaş yavaş.

Peki, bize öğretilenlere ne oldu, hepsi yalan mıydı? Çok çalışmak, zengin olmak, en güzel ve en zengin eşle evlenmek, en iyi çocuğu yetiştirmek. Bunlar mutlu etmiyor mu yoksa? Hayatın kendisinin bir yalan olduğunu anlamak acı mı geldi yoksa? Şoktan başka bir şey değil bu. Ne yediklerimiz yarıyor artık ne de içtiklerimiz. En iyi meyvelerden kanser oluyoruz, en sağlıklı sebzelerden virüs kapıp, en teknolojik ürünlerle donatılmış lüks mekânlarda domuz gribine yakalanıyoruz. Galiba bir boşluğa doğru düşmeye başladık.

Belki de zihinsel engellilerin dünyası bu hayat. Sağlıklı olduğunu zannettiğimiz insanların, hasta olduğunu öğrenmek ne acı! Ne çok insan var, her şeyi ben yaptım diyen. "Ben başardım, ben aldım, ben yarattım... Bu yaşıma kadar çok çalıştım ve sahip olduğum her şeyin mimarı benim. Bu şirketi ben bu hale getirdim..." diye uzayıp giden, ben yaptımla başlayan cümleler. Gerçekten inanıyor musunuz sahip olduğunuz her şeyi kendinizin yaptığına?

Biraz haddimizi mi aştık ne? Biz ne yaparsak yapalım Yaratıcı izin verdiği sürece ulaşıyoruz. Bizim en iyi yapabildiğimiz şey, istediklerimize sahip olabilmek için elimizden geleni yapmak. Gerisi Yaratıcı'nın kararına kalmış. Aslında her şeyi Yaratıcı yapar, biz sadece onu hak edebilmek için savaş veriyoruz. İnanın üzülerek seyretmeye başladım etrafımdaki yaşamları. Etrafımız Tanrı gibi davranan insanlarla dolu.

"Ben inanılmazım, ben şifacıyım, sizi tüm sorunlarınızdan kurtarırım, ben geleceğinizi değiştiririm..." bunlar çok tehlikeli cümleler.

Neden başkalarına her şeyi yapabilen kişinin kendine pek hayrı dokunmuyor?

Farkında değiliz ama çok güçlü cümleler kuruyoruz ve kurduğumuz bu cümleler olumsuz bir yapı taşıyor, çünkü yaptığımızı zannettikçe daha çok söylemeye devam ediyoruz. Bu da geleceğimiz için büyük bir yıkımın habercisi olacak. Yaratıcı, yaptıklarımıza hemen cevap vermeyebilir. Kötüyü de, iyiyi de hemen yaşamayabiliriz. Bazen kendi yarattığımız acıların içinde boğulmaya başlarız. O anda bile neden böyle oldu, ben ne yaptım yerine, suçu dış dünyada arayarak rahatlamaya çalışırız. İnsanın gücü sadece hayallerine ve hedeflerine ulaşabilecek performansı sergilemeye yeter, sonuçları ise biz yaratamayız. Biz sadece süreçlerin sahibiyiz. Sonuçları Yaratıcı isterse verir. Hırs, sonuç isteyen insanların sahip olduğu bir duygudur. Azim ise süreçleri, nedenleri düşünen insanların sahip olduğu bir özelliktir. Kendimize ve çocuklarımıza bu iki duygunun ne olduğunu çok iyi anlatmamız lazım.

Belki de çok iyi anlatamadığımız için yaşamımızı bir suç şehrine çevirdik. Görünen ve görünmeyen suçlarla yaşıyoruz. İstediklerimize ulaşabilmek için kırıp döküyoruz, atıp tutuyoruz, sövüp duruyoruz ama hep de bunu yapıyoruz. Ne zaman mı bitecek? Hırslarımızdan kurtulduğumuz zaman. Bu bir anda olmayacak, çünkü biz olumlu, faydalı yöne yönelmeye başladığımızda, Yaratıcı bize ödülümüzü hemen vermeyecektir. Bizim sabrımızı, özümüzü, dürüstlüğümüzü sınayacaktır.

Bu sınavı da sabredenler geçecek. Sabırsızlar ise göçecek.

BEKLENTİ
2 türlü beklenti vardır:
KİŞİSEL (Kendimden)
DIŞ DÜNYA (Her şeyden-Herkesten)

- Kendimizden beklentimiz artarsa başkalarından beklentilerimiz azalır ve MUTLU oluruz. Tam tersi durumda ise MUTSUZ oluruz.

- Kendimizden ve dış dünyadan beklentimiz azaldığı an depresyon başlar.
- Ağır depresyon geçiren ve intihara eğilimli kişilerde ne kendinden ne de dış dünyadan bir beklenti vardır.
- Kendinizden beklentinizi artırın.
- Beklenti 3 günden fazla sürerse tehlikelidir ve öfkeye dönüşür.

Gece uykuya yatarken bile huzurlu bir şekilde uyuma beklentiniz var. Beklentisini yaşayamayan kişi mutsuz olur. Bir şeyi en az 3 gün devamlı bekliyorsan bu zararlı. Çocuğunun düşen veya dağılan kalem kapaklarını ona sorumluluk vermeden devamlı sen toplarsan, o artık düşmüş kapakları görmez olur, aynı şekilde eşinin eksik taraflarını devamlı kaparsan bu da senin görevin olur.

Zihin sabırsızsa bu bedene de yansır. Kişi hızlı yürümeye başlar, trafikte sabırsız ve sinirli olur.

"Her insanın verdiği bir SAMİMİYET sınavı vardır ama herkesin sınav soruları ve zamanı farklıdır. Başkalarının sınavlarını görmeye çalışmak yerine kendi sınavımıza çalışsak; çünkü ne yaparsan yap senden daha iyi veya senden daha kötü durumda olanlar olacaktır."

Eğer Olmuyorsa Hak Etmemişsin

"Ne kadar çok hak ettiğimiz şey var bu hayatta. En güzel arabayı, en iyi işi, en mükemmel sevgiliyi hak etmiyor muyuz? Bazen canımı sıkıyor bu elimdekiler, ben daha iyilerine layığım."

Yukarıdaki cümleler hepimize yakın ve çok uzak da değiller. Hoşnut olmadığımız her an bize fısıldanan cümleler bunlar. Peki, hak ettiğimizi düşündük mü?

Bu hayatta sadece hak ettiklerimiz bize verilir. Daha fazlasını istiyorsak ve olmuyorsa biraz da sorgulamak lazım. Evrendeki sistem isyan ettikçe, hak ettiklerimizi de bizden uzaklaştırıyor. Otobanın yanında durup, yoldan geçen son model arabaları isteyerek onları elde edemeyiz. Başkalarının mutluluklarını seyredip imrenerek de elde edemeyeceğimize göre. Kaç kere sorduk kendimize onlar nasıl sahip oldu diye?

Bazılarınızın verdiği cevapları duyar gibiyim; "Babadan kalmıştır, torpili vardır, Allah yürü ya kulum demiştir."

Yaratıcı hepimize yürü ya kulum der. O, bizden daha çok istiyordur doğru yolda hızla yürümemizi. Şöyle bir geçmişi sorguladığımızda kaç kere durduk hiç saydınız mı? Dinlenmek için durduğumuz zamanlardan bahsetmiyorum. Bıkıp, yorulup, inanmayıp durduğumuz o uzun sürelerden bahsediyorum. Sen durmaya başladığında sistemdeki diğerleri yürümeye devam eder. İnsanoğlu herkesi kendiyle eşit tutmaya çalıştıkça sistemi tıkamaya başlar. Hiç kimse bu evrende eşit olamaz. Kendini diğerlerinden farklı, başkalarını da kendinden farklı görmeye başladığın zaman ancak hızla yol almaya başlarsın.

Şöyle düşünelim, bir otomobil markası 2010'da yeni bir model araba üretecek. Üretecekleri arabanın sayısı da 100.000 olsun. Bu demektir ki 100.000 farklı yaşama sahip insan, hayatlarında bir yarış başlatıp bu arabalara sahip olacaklar. Sadece bu yarışı başkaları ile yapanlar kaybedecek, kendisiyle yarış yapanlar ise kazanacak. İçimizden bazıları kazancından biriktirmeye başlayacak, bazıları kredi alıp uzun süre borçlanacak, bazılarına belki ikramiye çıkacak, bazıları ise masraflarını kısacak, yani ödeyecekleri bedellerle bu arabalara sahip olacaklar ve herkes bu yolda yürümeye başlayacak. Bir süre sonra bazıları yoldan çekilecek. Yoldan çekilenler, sonradan yola koyulanlara fırsat tanımış olacak ama en sonunda hak edenler arabasına kavuşacak. Gazetelerde kötü haberleri okurken hiç aklımıza hak etmiştir demek gelmiyor mu? Bence gelmeli, gelmeli ki farkındalığımız artsın ya da kendimize bakıp sahip olduğumuz güzel şeyler için bence hak ettim diyebilmeliyiz. Eğer istediğiniz işte çalışmıyorsanız o an için hak etmemişsinizdir. Ona ulaşabilmek için nelerden vazgeçmeli, neleri hayatınıza katmalısınız bir düşünün. Bahçenize bir tohum ekersiniz, o tohum toprak altında sabırla bekler bu sabrı sonucunda da güneşi hak eder. Güneş üzerine doğar, enerjiyi en doğru şekilde kullandığı için de suyu hak eder. Suyla beslendikçe, filizlenmeye başlar. Yeşillendikçe de etrafta onu hak eden kuzuya yem olur. Kuzu kendini besledikçe büyür, gelişir. En sonunda da siz hak ettiğiniz için o kuzu sofranıza yemek olur, çünkü çalışmış, bu yemeği istemiş ve elde etmişsinizdir.

Fakat hak ettiğiniz nerdedir bilemezsiniz. Elimizde olan sadece istediklerimizi hak etmek için sonuna kadar çalışmak. Gerçekten bize ait olacaksa zaten ayağımıza gelecektir. Şimdi sadece düşünelim, ben neleri istiyorum ve bu istediklerimin içinde hangilerini hak ediyorum. Bana uzak olanları hangileri, peki onu hak etmek için neler yapmalıyım? Ya yapıp elde edeceğim ya da hiçbir şey yapmayıp hak ettiğimi düşüneceğim.

> *"Yeni bir fobi var insanlar arasında. Aşk fobisi... Âşık olmaktan korkarlar bu yüzden uzak dururlar insanlardan... Önceleri anlamazlar nedir yaşadıkları diye... Sonra öğrenince fobilerinin ne olduğunu şoka girerler. Ama asıl şok, hastalığın tedavi şeklidir: aşk fobisinde terapi yoktur. Tek ilacı vardır, o da AŞK..."*

Yalnızlık

Bu yaşam niye, neden nefes almak gerekiyor? Nefes almakla da kalmayıp karnını doyurman gerekiyor. Ha bir de bunu hallettikten sonra uyuyacak yer bulup kendini koruman gerekiyor. Buraya kadar yapılması gerekenler bazıları için çok zor olurken, bazıları için sorun olmuyor. Diyelim ki bir şekilde savaşarak buraya kadar geldin. Sonrasında seni o kadar çok şey bekliyor ki tahmin bile edemezsin. Birilerine ihtiyaç duyacaksın, yalnız kalamazsın yoksa ruhen ölürsün...

Hadi git bir iş bul, buraya kadar getirdiğin hayatı bundan sonra da devam ettirmen gerekiyor yoksa bugün yediğini yarın bulamazsın. Bu akşam yattığın yerde yarın sabah uyanamazsın. Korkutuyor, işe koyul diyor.

Bazen seçim yapamıyorsun ve yiyeceklerin için, cebindekine göre ayar çekiyorsun sofrana. Eğer ailenden bir şey kalmadıysa cebindekilerin savaşını sen kendin veriyorsun.

Bir oda olsun diyerek arıyorsun ya evini. Sonra o bir oda da yetmiyor yaşamana. Aynı odada yemek, içmek, uyumak olmaz diyorsun. Aslında o tek bir oda sana kocaman boş bir hayat gibi geliyor. Birisi olmalı diye düşünüyorsun o odanın içinde. Aslında birisi değil, en büyük ihtiyacım karşılanmalı diyorsun. Bir nefes istiyorsun aynı anda alıp aynı anda vereceğin.

İki kelime duyacağın bir gönül istiyorsun. Sık aralıklarla sana, "Seni seviyorum," diyecek bir ruh istiyorsun.

Çok düşünüyorsun, çok bakıyorsun evin dışındaki her yere. Bu öyle hemen bulacağın bir yemek çeşidi değil ki.

Ya da cebindeki paraya göre değil ki... Bekle diyorsun sabırsız gönlüne, şimdi zamanı değil diyorsun tek odalı evine ama duvarlar seni dinlemiyor, her akşam üstüne üstüne geliyor duvarlar güneş doğana dek. Sabah yine kendinle uyanıyorsun, sıkıldım diyorsun aynada yüzünü yıkarken.

Hadi biraz daha çalış o zaman diyorlar, paran çoğalsın, imkânların artsın.

Neden?

Neden mi? Eğlenecek neler bulacaksın bak. Bir gün orada bir gün burada, vur patlasın çal oynasın, hatta istediklerini yer içersin diyorlar. Başka ne istenir ki hayattan?

Merak ediyorsun, acaba mı diyorsun, gerçekten olabilir mi diye düşünüyorsun.

O kadar çok çalışmaya başlıyorsun ki, iki odalı bir eve geçiyorsun. Artık yemeğini başka odada yiyip uyumak için başka bir odaya geçiyorsun.

"Ohh be ne güzelmiş hayat," diye seslenirken geçmişine, başını çevirip yanına bakıyorsun.

Gördüğün yine bir duvar.

Egon devamlı, "Senin kimseye ihtiyacın yok," diyor yani kendinin şeytanı oluyorsun.

Arabalar alıyor, o kadar hız yapıyorsun ki artık uçuyorsun zevkten ama arabanı park edip eve gelince de bitiyor heyecanın. Anahtarı sehpanın üzerine koyup unutuyorsun.

Öyle büyük bir yanlış yapıyorsun ki ellerini açıp Allah'a, "Yarabbim şu işimi başarılı kıl, paramı artır," diye yalvarıyorsun.

Yüceler yücesi kabul ediyor ve dualarını sana veriyor.

Birkaç sene sonra daha fazla odası olan evlerde, ayakların yere basmadan işine gidip geliyorsun.

Gönlünü şarkılara bırakıp, hayallerini filmlerle süslüyorsun.

O kadar çok göz değiyor ki gözlerine, acaba sahip olduğum imkânları mı istiyorlar diye düşünüp daha çok yalnız kalmak istiyorsun.

Zannediyorsun ki herkes madde için yanında, korkun, "Daha çok çalış ama insanlardan uzaklaş," diyor.

Eminim o kocaman evinde sadece bir odada oturup sadece o odada yemek yiyorsun. En sevdiğin dizileri o odada seyredip o odada uyuyorsun, çünkü seni diğer odalara davet edecek bir nefes yok.

Sen o koca mekânlarda tek başınasın, çiçekleri sadece kendin kokluyorsun, vizyondakileri tek başına seyrediyor, dualarını kendin için ediyorsun.

Metrekaresi sonsuz gönlünün içine sadece kendini koymuşsun.

Sağa bakınca kendini sola bakınca yine kendini görüyorsun. Önünde arkanda hep sen varsın.

Her şeye sahip olabilirsin ama bir sevgiliye asla.

Sadece tek bir şey yapman gerekiyordu, o da o tek odalı evine bir misafir çağırmak.

Sakın yoktu deme, herkesin adı sevgili olan bir misafiri vardır. Kimininki uzaklarda kimininki yan binada oturur ama sen bir tercih yaptın.

Yalnızlığı seçtin...

"Hayatınız çıkmaza girdiğinde yanına gideceğiniz güçlü biri yoksa, yalnızlığınız başladığında size sevildiğinizi hissettirecek biri yoksa, sessizliğinizi bozacak sohbet dostu yoksa, neye yarar işiniz, malınız, mülkünüz?"

Kişilik Tipleri (Metaprogramlar)

Kişilik tiplerini biliyorsak karşımızdaki kişiyi çok iyi analiz edebiliriz. Aslında hepimiz birazdan aşağıda anlatılacak kişilik tiplerinin tümüne sahibiz ama her birimizde biraz daha baskın olan bir taraf vardır. Kişilik tiplerinde uç noktalarda olmamak gerekir, çünkü dengede olmak önemli.

Öncelikle şunu bilmeliyiz ki kendimiz değişmeden dış dünyayı değiştiremeyiz. Oturduğumuz yerden ise ancak kendimizi yönetebiliriz. Temelde 2 dürtüye sahibiz, YAŞAM ve ÖLÜM. Elimizde olan tek şey YAŞAM. İnsan ölmek istemediği için uğraşır kendiyle (kendimize bakmak-kilo vermek-güzelleşmek gibi). Bunlar hep yaşamımızı sürdürmek için yaptığımız şeylerdir. Bunları yapma isteği bittiğinde, bununla ilgili tüm enerjiyi yitirdiğimizde ölüme daha da yaklaşırız.

Bütün psikolojik vakaların temelinde ise ölüm korkusu vardır. Ölümü ne kadar kabullenirsek o kadar rahatlarız.

İnsan 3 şeyi değiştiremezmiş, bunlar:
DOĞUM
CİNSİYET
ÖLÜM

Bunun dışında her şey elimizde ve her şeyi değiştirebiliriz. Bütün duygular bize yaşamak için verilmiştir. Korku bile olması gereken bir duygudur, ölçülü olduğu sürece. Korku insanı hayatta tutar. Bu yüzden insanların yaşaması gereken korkuları yok etmemeliyiz.

- Kabullenmek duyguları azaltmaktır. Kabullendiğimizde biz artık başka bir biz oluruz.
- Kabullenmek erdemdir.

- Olayın psikolojik yönünü kabul et, davranışını değiştir.
- Sevgiyi hak edene ver.
- Hayatta yanlış yapan birine, doğru bir şey yaptığınızda o kişi daha çok yanlış yapar.
- Psikolojide kabul ederek değişmek, halk arasında değişmeden kabul etmektir.
- Elimde bu güç var, ben değişmeden dünyayı değiştiremem.
- Oturduğumuz yerden ancak kendimizi yönetebiliriz.
- Ölüm anına dek yaşamak ve nasıl yaşayacağımız bizim elimizde. Ölümü ve korkularımızı kabullenmek insan hayatının bir parçası olmalı. Ölüm ve korku var ki, bunlar yaşamamızı sağlıyor.
- Kişi doğada eşleşemediğini arar.

HUY ⟶ Doğuştan gelir. Genetiktir.

KARAKTER ⟶ Çevreden aldıklarımızdır. Dünyaya geldikten sonra kazanırız.

KİŞİLİK ⟶ HUY + KARAKTER

Karakterde ve kişilikte değişim yaratabilirken, huyu değiştiremeyiz.

İklim psikolojisine göre karakterler değişebilir.

Sıcak iklim insanları için estetik, konfor, keyif ön plandadır ve renkli kişiliklerdir. Evlerinde gerekli gereksiz bir sürü eşya bulunur. Bu tip iklimdeki insanlarda suç oranı fazladır.

Soğuk iklim insanları ise ihtiyaca yönelik yaşarlar. Evlerinde sadece gerekli eşyalar vardır. Bu iklimdeki insanlar intihara eğilimlidir.

Aslında psikolojimizi en çok etkileyen enlemler ve boylamlardır.

- Ekvatora yakın insan daha dengelidir.
- İnsanların hayatlarında yaşamaları gereken korkuları yok etmeyin ki empati yetenekleri artsın.
- Affetmek egosantrik ve yanlış bir davranıştır ama kabul etmek yararlıdır.

"Gerçekleri istediğimiz kadar başkalarından saklasak da, bize en büyük zararı verecek kişi yine bizleriz."

Kişilik Tipleri

HAZ ODAKLI	ACIDAN KAÇANLAR
İÇSELLEŞENLER	DIŞSALLAŞANLAR
DIŞ REFERANSLILAR	İÇ REFERANSLILAR
EŞLEŞENLER	EŞLEŞMEZLER
BENZERLİK ODAKLI	FARKLILIK ODAKLI
PROSESCİ	PROSEDÜRCÜ
GELECEK ODAKLI	GEÇMİŞ ODAKLI

Haz Odaklı Kişilik

Eğlenceye düşkündürler, her şeyden mutlu olmaya çalışırlar. Bekledikleri gerçekleşmediğinde mutsuz olurlar ve başka hazların peşinde koşmaya başlarlar. Sonuca giden yolda süreci düşünmezler. Bu durumda yaşayacakları sıkıntıları düşünmediklerinden yanlış yapmaya yatkındırlar. Aşırı haz odaklılar cesurdurlar. Dikkatleri çevredeki yeniliklere, ilginç ve heyecan verici projelere yöneliktir. Eğlenmeye ve zevk almaya düşkündürler. Bir kişinin hassas noktası haz ise o kişiyi haz ile kandırabilir, haz noktasından yönetebilirsiniz. Haz aşırıya kaçtığında insanlar yanlışa düşerler. Devamlı haz peşinde olanlar bir süre sonra zevk alamaz hale gelirler. Çocuklar haz odaklıdır, geçmişleri yoktur. Bir çocuğa sürekli hazzı yaşatırsak, büyük mutluluklar yaşamasına engel oluruz. Hazları ertelesek daha büyük mutluluklar bizi bekler. Kredi kartı borçlularının çoğu haz odaklıdır. Kişi ergenlik sonuna kadar haz odaklıdır. Hazlarını tüketme. Haz aşırıya kaçtığında da yanlışa düşülür, örneğin 3. sayfa haberlerinde olduğu gibi.

Acıdan Kaçan Kişilik

Önce işin sıkıntısını düşünürler. Acı odaklıdırlar. Sonucu düşünmeden sonuca giden süreçteki karşılaşacakları zorlukları, sıkıntıları, acıları düşünürler. Evden kaçan kişilerin kaçma sebepleri arasında şiddet, acı ve parasızlık vardır. Acılarımızı ertelersek faiz gibi artar ve sonunda işin içinden çıkamayız. Acılar mutlaka tüketilmelidir. Acıdan kaçanlara önceden acıları azaltan bir konuşma yapmak gerekir.

Her iki kişilik tipi de sonuca ulaşır ama bu süreçte hissettikleri ile bakış açıları farklıdır.

- Hazzını ertele, ertelediğin acıları tüket.

- Evden kaçma sebebi para kazanmak, ünlü olmaksa – haz odaklı kişiliktir.
- Dayaktan bıktığı için evden kaçıyorsa – acıdan kaçan kişiliktir.
- Sağlıklı bir psikoloji için her ikisinin de olması gerekir.

Gelecek Odaklı

Kelimelerinde -ecek, -acak ekleri vardır. Adından da anlaşılacağı gibi gelecek ile yaşarlar. Hayal kurar, plan yapar, sürekli tasarlar, yeniliğe açıktır ve tam bir eylem adamıdır.

Geçmiş Odaklı

"Ama, fakat" gibi bağlaçları kullanır. Geçmişte yaşar. Geçmişten ders çıkarır. Liderler geçmiş odaklıdır. Yönetici konumunda olmalıdır. Yeniliğe açık değildir.

"Değişmek istemeyen insanı değiştirmeye çalışırsanız onun düşmanı olursunuz. Samimi olana yardımınız dokunabilir. İyilik meleğini oynamaya gerek yok."

İçselleşenler

Olayın içine girerek, o olayı yaşayan kişiliklerdir. Bazen o kadar içselleşirler ki başkalarının dertleriyle kendilerinden uzaklaşırlar. Anlatılan, yaşanılan, izlenilen her ne varsa içeriğine girer kendi başına gelmiş gibi algılar, yaşar ve üzülürler. Elbette zaman zaman hepimiz farklı konularda içselleşebiliriz. Detaycıdır, gözlem gücü çok yüksektir.

Akşamları çok düşünürler. Uyku problemleri vardır. Aşırı

içselleştiklerinde gözleri dalar. İçsel olanlarla içsel olmayanlar sürekli çatışır. Çocuk yetiştirirken kendi içselliğimizi çocuğa yansıtmamamız gerekir, çünkü çocuk evde (ailesinde) neyi içselleştirdiyse; örneğin bu mutluluksa ileride mutlu bir birey olacaktır, eğer sürekli evin içindeki kavgayı içselleştirdiyse kendisi de çatışan bir birey olacaktır. Kan görüp bayılır, klipte kendini görür, ağlayanla ağlar.

Çocuklar içselleşenlere istediklerini yaptırırlar.

Dışsallaşanlar

Olayların dışından bakan, içine girmeyen kişilerdir. Onlar için sonuç önemlidir. Aşırı dışsallaşanlar gamsız, soğuk ve duyarsız gözükürler.

*İçselleşmeyi ve Dışsallaşmayı Dengede Tutmalıyız.

Dış Referanslılar

Başkalarının fikirlerine önem verirler ve karşılarındaki kişiye çabuk inanırlar. Tek başına karar alamazlar. Düşünceleri önemserler. Söylemlerden etkilenirler. Başkalarının dediğine göre şekillenebilirler. Herkesin etkisinde kalırlar. Özgüven eksiklikleri vardır ve bu yüzden başkalarından güven ve onay isterler. Aşırısı kendini yönetemez, ortama ayak uyduramaz. Bütün bu özelliklerden dolayı politikacılar dış referanslı olmalıdır. Aşırı dış referanslı olanlar kandırılmaya müsait olurlar. Yaşanan kavganın ardından gece yatınca hemen uyuyamazlar. Yanındaki uyursa kızar. İşten çıkarılacak biri olduğunda çıkarılacak kişiye bu durumu zor anlatır.

İç Referanslılar

Herkesin fikrini alır ama sonunda kendi bildiğini okurlar. Onayı kendinden alır, kendi doğrusundan emindir. Onları ikna etmek, etkilemek zordur. Lider özellikli kişiler iç referanslı olmalıdır. Aşırı iç referanslılar başına buyruktur, yaptığından emindir. Çocuklar genelde iç referanslıdır. Ebeveyn ne derse desin kendi bildiklerini yaparlar. Gençlik döneminde iç referanslı olan kişi anne ve babası ile çatışma halindedir. Bu dönemde isteklerimiz ön plandadır. Tartışma sonrası gayet rahat uyurlar. Birinin işten çıkarılması gerekiyorsa zorlanmadan çıkarabilirler.

"Çok mu tüketiyoruz yaşam kaynaklarını? Aşkı, ekmeği, suyu, hazzı... Neden yeteni alıp da kalanı vermeye çalışmıyoruz? Hepsi bizim olsun demek mi mutlu edecek zannediyoruz? Vücudumuz obez oldu, beynimiz obez oldu. Biraz vermek lazım fazladan aldıklarımızı."

Eşleşenler

Eşleşen yapıdakiler onay veren kişilerdir. Sana katıldığını bildirirlerken, sizin anlattıklarınıza kafalarını sallayarak onay verirler. Bir süre sonra sizinle aynı şekilde yürür, konuşur ve davranırlar. Çok fazla arkadaşlık kurarlar ve ne yazık ki çok kazık yerler. Herkesi dinlerler. Eşleşenler sorun karşısında sorunu açma gereği hisseden kişilerdir. Bazı insanlar (Okan Bayülgen gibi) kendisini TV'de veya aynada vs. görmeyi istemez, çünkü kendisiyle çok eşleşiyordur. Gezmeyi çok sever. Sorunlarını herkes ile paylaşır. Sıkıntı yaşayınca çok konuşur. Eşleşen çocuk hemen oyuna karışır ama sonra sorun çıkarır ve şikâyet eder. En çok eşleştiğimiz dönem gençlik dönemimizdir.

Eşleşmezler

Az insanla uzun süreli ilişkileri tercih ederler. Bekler, izler ve sonra arkadaş olurlar. Kolay kolay inanmazlar ve kişilere kanmazlar. Eşleşen kişiler tek başına alışverişe gidemezken eşleşmezler tek başlarına alışverişe gider, gezerler. Aşırı eşleşmez kişilik yapısına sahip olanlar yalnızdır. Sorun yaşadıklarında ise içe kapanırlar. Çocuk anne babadan güçsüz olanla eşleşir doğada da eşleşemediğini arar.

Kalabalığı sevmez. Topluluktan uzak kalmayı tercih eder. İlişkilerinde mesafeler vardır. Aşırı ilgi ve yakınlaşmadan rahatsız olur, dost dediklerine açılırlar. Eşleşmez çocuk oyuna karışmaz, davet edilirse, hoşuna giderse, yani isterse oynar, aksi durumda uzaktan sadece oyunu seyreder. Eşleşmez çocuk durur durur, sonra oyuna karışır. Anaokuluna yeni başladığında annelerinin yanından ayrılmak istemezler, daha sonra yavaş yavaş alışırlar ve sonradan problem çıkarmazlar.

Kredi kartı satmak için daha çok eşleşen tipler seçilir, borç tahsil etmek için de daha çok eşleşmez tipler seçilir.

Benzerlik Odaklı

Konuşurlarken benzerlik ifadesi olan "gibi" edatını çok kullanırlar. Sürekli bir şeyi, bir şeye benzetirler. Bir şey denediğinde "şunun gibi" tarzında benzetme yaparlar. Bu kişilik tipine göre tasarlanan reklamlarda "Annenizin yağı gibi", "evinizdeki rahatlık" tarzında mesajlar verilir. Gelenek göreneklerine bağlıdırlar, aşırısı tutuculuk olur. Gelenek ve göreneklerimiz benzerlik odaklıdır. Ebeveynler, çocuklarının benzerlik odaklı olmasını isterlerken, farklılık odaklı olmasını desteklemezler. Yeniliğe açık değillerdir. Aşırı benzerlik odaklı kişiler tutucudur. Başladığı gibi hareket etmek ister. Hep aynı yerde tatil yapmayı tercih ederler. Sorunlardan hoşlanmaz kendileri de sorun çıkarmaz, ortak noktaları görür, çıkarır ve ona öre hareket ederler. İletişim yetenekleri güçlü kişilerdir.

Farklılık Odaklı

Konuşurlarken "ama, fakat, hayır, öyle değil, böyle" gibi kelimeleri kullanırlar. Farklı olansa her şeyi tüketmek hissiyatları olmasıdır. Farklılık odaklılığı baskın olan kişiler herkeste olan şeyleri kullanmayı sevmezler. Bu kişilik tipine göre tasarlanan reklamlarda "siz hâlâ annenizin margarinini mi kullanıyorsunuz", "biz diğerlerinden farklıyız" tarzında mesajlar verilir. Aşırı farklılık odaklı kişiler hızlı tüketici olurlar. Bir şeyin farklı olması onlar için yeterlidir. Aşırı spor giyinirken, birden klasik giyinebilirler. Yabancı ürünleri, benzerlik odaklı birine satabilmek için farklılık odaklı stratejiler kullanılır. Yeniliklerin ve farklılıkların anlatılmasıyla motive olurlar.

Prosesciler

Aşırı rahat insanlardır. Kurallar onları rahatsız eder. Randevularına hep geç kalırlar. Onlar için sabah 8 akşam 5 çalışma saatleri sıkıcıdır. Kendilerini özgür hissedecekleri işte çalışmak isterler. Pazarlama kadrosu tam onlara göredir. Sık sık iş değiştirirler. Masaları sürekli dağınıktır ama aradıklarını hemen bulurlar. Hayatlarında süreklilik yoktur. Tatile rezervasyon yapmadan çıkabilirler. Evleri, çantaları, dolapları sürekli dağınıktır. Düzenleseler bile kısa sürede eski haline gelir. Proses çocuk ebeveyni ile sürekli çatışma halindedir. Alttan bir tişört çeker ve raf komple dağılır, aldığı kitabı, oyuncağı veya eşyayı yerine koymaz. "Akşam yemek saatinde evde ol", "baban gelmeden gel", "hava kararmadan evde ol" gibi laflara çok kızarlar, çünkü kısıtlanmayı sevmezler. Sürekli "aman boş ver" durumundadırlar. Dört dörtlük meraklısı değildirler.

Kontrol altında tutulmaktan hoşlanmazlar.
Randevu konusunda aceleci davranmazlar.

Prosedürcüler

Aşırı tertipli, titiz, kuralcı kişilerdir. Kurallar onlar için çok önemlidir. Randevularına geç kalmamak adına 5-10 dk erken giderler. Beklemeyi ve bekletilmeyi sevmez, işe hep aynı saatte gidip aynı saatte dönmek isterler. Masa başı işi için çok uygundurlar. Yönetici kadrosu tam onlara göredir. Her şeyi günü gününe, saati saatine ajandaya not ederler, programlıdırlar. Sürekliliği severler. Çok düzenlidirler. Sahip olduklarını paylaşmak istemezler.

Mükemmeliyetçidir, ayrıntıya çok önem verirler.
Söylediğiniz her ne ise, siz hatırlatmadan yerine getirirler.
Yaşamda Gri Renk Yoktur.

Hiç merak ettiniz mi? İnsanoğlu neden bu kadar farklı öğretilere merak saldı diye?

NLP, Kuantum, Reiki vb. yaklaşımlar neden hızla artmaya başladı? Tüm insanlık bir yolculuğa çıktı, kendine yolculuk, kendini tanıma, bu yolculuğun adı... Teknolojiyi tanıdık, somut her şeyin adını koyduk ama fark ettik ki kendimizi unutmuşuz.

Peki biz kimiz? Neden böyleyiz?

Kimine göre zor, kimine göre kolay sorular, peki cevapları neler?

Geçen hafta çok değer verdiğim bir uzmanın seminerine katıldım. Yahya Hamurcu seminerde dedi ki, "İyilik yapan iyilik bulur ama iyilik yaptığından değil." Ne kadar doğru geliyor değil mi hepimize, lütfen kendi hayatınıza bir bakın, bu sözün ne kadar doğru olduğunu fark edeceksiniz.

Konumuzla ne alakası var demeyin, buyurun okuyun:

Hayatın iki rengi var ve biz bu iki renkten birindeyiz. Ya beyazda ya da siyahta. Zaman zaman yaşadıklarımıza verdiğimiz tepkiler bizim yerlerimizi değiştirir durur. Bizi bu hayatta var eden çoğunlukla da kaybeden egomuzdur. Ego iki uçlu çalışır. Ya hayatta haz isteriz; en kazançlı işi, en güzel partneri, lüks bir yaşamı ve sağlıklı bir ömrü ya da acıdan kaçmak ister; hayat bana istemediğimi vermesin, borçlarım olmasın, aldatılmayayım vb. şeyler ister dururuz. Bunlar hepimizin yaşadığı süreçler ama bunları düşünürken biraz kendimize bakmamız lazım. Biz hangi renkteyiz beyazda mı, siyahta mı?

Siyah tarafta olan insan; tüketim insanıdır ve stres yüklüdür. Sürekli tüketir ve fazlaca hiperaktiftir.

Beyaz tarafta olan insansa, üretim insanıdır ve sakin bir yaşam sürer. Hayatta yük alan ve yük olan insanlar vardır. Eminim ki sizin de ailenizde, çevrenizde böyle insanlar vardır.

Karşınızdaki insanın isteklerine ters olan şeyleri söylediğinizde, ne yaparsanız yapın dediklerinizi kabul etmez. Aile de çok rastlanan bir durumdur bu. Anneler ve babalar çocuklarının isteklerine ters gelen şeyler söylediklerinde onların düşmanı olmaya başlarlar. Bir insan egosunu kontrol edecek durumda değilse, hayatta asla doğruları göremez. O sürekli ona güzel gelen şeylerin peşinde koşar. Meslek hayatımda birçok eşle çalıştım. Onlara şunu fark ettirdiğimde yıkıma uğramışlardı. Evli olmanız demek aile olduğunuz anlamına gelmez. Eğer birbirinize tahammül edemez hale geldiyseniz siz zaten evli değilsiniz. Aynı evin içinde bir kalabalık yığınısınızdır. Siyahta olan insanlar sorunların hep dışarıdan, başkası tarafından kaynaklandığını düşünürler. Bu sebeple de çözümü dışarıda ararlar. En büyük stres buradadır, çünkü problem hiç çözülmez sadece yatıştırılır. Siyah taraf insanının arzuları vardır. Bunların peşinde koşar. Şimdiki neslin çocukları aslında saadet çocuklarıdır, yani tüketen nesildir. Arzularının peşinde koşan ve anne babaya isyan eden nesildir. Bu çocukları çok iyi tanırsınız. Genelde çok kurnaz olurlar ama anne babaları onları çok akıllı zanneder. İkisi çok farklı şeylerdir. Hem çok seversiniz hem de boğazlayasınız gelir ya, işte o çocuklar bu çocuklardır.

Kendinize dikkat edin, çok fazla vaktiniz yok aslında. Yapacaklarınız çok önemli, çünkü bizi mutsuz eden başımıza gelenler değil başımıza gelenlere verdiğimiz tepkilerdir. Tepkilerimiz ne ise hayatımız da o olmaya başlar. Eğer siyah tarafta iseniz bir süreliğine her şey güzel gider ama dikkat edin bu çok da uzun sürmez. Eğer beyazda iseniz ve haksızlığa uğruyorsanız sabırlı olun, bir süre sonra her şey faydanıza çalışmaya başlayacaktır. Bunu ben demiyorum, hayatın kendisi anlatıyor.

Yaptığımız ve yapacağımız en büyük yanlış, başımıza kötü bir olay geldiğinde şeytanın istediğini yapmaktır. Hemen olumsuz tepki vermek, bu da egomuzdan gelir. Bu olumsuz tepkileri verdikçe, hayat böyle olayları başımıza sürekli getirir, çünkü Yaratıcı'nın istediği bizim insan vasıflarına sahip olmamızdır. Bu yüzden doğru tepkileri verene dek bizi sınav yapar. Bazılarımız buna ulaşır bazılarımızsa ulaşamaz.

Hayatımızda kimse bizim kadar kötü değildir, hayatta kimse bizim kadar iyi değildir. Bu iki cümleden hangisi size yüzde yüz uygun. Eminim ki her ikisi de zaman zaman bize uyuyor. Biri siyah biri beyaz ama gri yok.

"Başınıza ne gelirse gelsin, içinizde ne var ona bakın, çünkü başınıza gelen olaylara içinizde olanla karşılık verirsiniz. Sonuçları ise tepkileriniz belirler."

İletişim

Kişinin kendisiyle ilgili olan diyaloğuna İLETİŞİM denir. İletişim, insanın önce kendisiyle alakalı bir süreçtir. Kendi kafamızda kurduklarımızdır. Senin ne anlattığın değil, karşındakinin ne anladığıdır aslında iletişim. Bizler öncelikle kendimizle diyaloğu sağlıklı kurabilmeliyiz ki, başkalarıyla da kurduğumuz iletişim sağlıklı olabilsin. Düşüncelerimizi doğru programlamamız gerekir. Kişinin kendisiyle olan iletişimi koptuğunda dış dünya ile de iletişimi kopar. İçimizde kendimizle kurduğumuz iletişim, dışarıyla kurduğumuz iletişimden farklıysa ruhsal olarak problem yaşarız.

İletişimin kalitesini, kişilerin çıkarları belirler. Anlatılan şey kişinin çıkarına uygun değilse, karşısındakinin anlattığını anlamaz (örneğin bir öğretmen öğrencinin sevmediği ve ciddiye almadığı bir dersi anlatıyorsa, öğrenci hiçbir şekilde anlatılanları anlamaz). Karşılıklı iletişimde uyum çok önemlidir ve sağlıklı bir iletişimin sağlanabilmesi için ortak çıkara hizmet etmesi gerekir. Kısacası İletişimde ortak dil, ortak ruh önemlidir. İki kişinin aynı anda aynı şeyi söylemesi aynı şeyi istedikleri anlamına gelmez.

Her iletişimin altında insanın kendisine yönelik bir fayda yatar. Kavga ettiğimizde, tartıştığımızda bile aslında kendimizi rahatlatırız.

İletişim çatışmalarını ise "benmerkezci" kişilerle yaşarız, çünkü onlara ne söylerseniz söyleyin kendi bildiklerini okurlar. Çatışma sebebi farklı fikirlere açık olmamaktır.

- Birlikte bir şey öğretemediğin insanlara birlikte yol aldıramazsın.
- Sorunu çözme becerisidir iletişim.
- Bir şeye karar verirken hemen eyleme geçmeyin.
- İletişimde bazen boyun eğen, her şeyi kabul eden taraf olabilir.

- Tasarısı olmayan kişi eyleme geçemez.

İletişimde Kişilik Tipleri

Yargılayan Kişilikler

Her şeyi ben bilirim yaklaşımları vardır. Tepkisel ve otomatik davranırlar (örn. direkt reddederler). Yargılamayı severler. Sorunları olduğunda sürekli o sorunu konuşurlar. Kazan-kaybet ilişkisi kurarlar (kendisi kazanırken, karşısındakine kaybettirirler). Genelde yanlış olana odaklanırlar (karşısındakinin açığını yakalamak, hatalarını görmek gibi). Sürekli yargılayacak ve eleştirecek bir şeyler bulurlar.

Savunma-saldırı eylemi vardır (kendisini savunurken, karşısındakine de saldırır). İnatçı ve katıdırlar, esnek davranamazlar. Değişimi tehlikeli olarak algılarlar. Zor insanlardır. Kendilerini haklı görüp, karşısındakileri haksız görürler (bu anda kendine fayda sağlarken, karşısındakine zarar verirler). İkna edicidirler. Sabitfikirli ve hazırcevaptırlar. Cümleleri çok akıcı ve ikna edicidir ama kendilerine fayda sağlar. Temel kişilik halleri, korumacı ve savunmacıdır.

Öğrenen Kişilikler

Her şeye amatör ruhla yaklaşırlar. Tarafsız gözlemcidirler. Hatalı aramaz, hatayı analiz ederler. Probleme odaklanırlar, kişilere değil. Çözüm odaklıdırlar. Kazan-kazan ilişkisi kurarlar (kendisi de kazansın, karşısındaki de kazansın isterler). Esnek ve uyumludurlar. Aşırıya kaçmazlar (aşırı dinci, aşırı Atatürkçü gibi). Kendi düşünce ve eylemleri için sorumluluk alır, suçlama ve şikâyetten kaçınırlar. Esneklik oldukça öğrenme ve algılama artar, problemler ise azalır ve kabullenme oluşur.

Karşımıza çıkan her yanlış insan aslında bize bir şeyler öğretir.

- Hiçbir şeyde aşırıya kaçmayın, hayat katı olanlara zalim, esnek olanlara ise sevecen davranır.
- Tarafsızlık bir erdemdir. Çocukların öğrenen kişilik yönünde yetiştirilmesi gerekmektedir.
- Akdeniz insanları daha çok öğrenen kişiliklerdir.
- Yargılayan kişilikler tehdit oluşturur, bir şeyi öğrenmemize engel olur. 2. kişilik ise öğreticidir.
- Kötü kavramları sevmeyelim ama kötü kavramlara sahip olan insanları sevelim.
- Neyde katıysak, başımıza o gelir. Bize itici gelen kavramları bir düşünüp analiz edelim, anlamaya çalışalım.
- Kavramı sevmeyebilirsin, katılmayabilirsin ama yanında durabilirsin, çünkü öğreneceğin şeyler olabilir. Örneğin travestiliği sevmiyorsun ama travestiyi seviyorsun. Tercihine katılmayabilirsin ama insan olarak sevebilirsin.
- Karşımıza çıkan her yanlış insan bir fırsattır ve onlardan öğrenebileceğimiz çok şeyler vardır.

Temel kişilik halleri, meraklı ve açıktır.

Etkili İletişim Stratejileri

1) Kalibrasyon (Gözlemleme)

Etkili iletişimde öncelikle karşımızdaki kişiyi kalibre etmemiz gerekir. Hayatta her zaman kalibre eden kazanır. Gözlem yaparken pasifleşmek gerekir. Birine ölçümleme yaparken susup dinlemeliyiz. Pasifleşenler etkin bir dinleyici olur. Çok konuşan kişi ise gözlemleyemez.

Hayatta her zaman kalibre eden kazanır.

Peki neyi kalibre edeceğiz?

a) Temsil sistemleri

Hepimizin görsel-işitsel ve dokunsal temsil sistemleri vardır. Karşımızdaki kişiyi kalibre ederken hangi temsil sisteminin daha baskın olduğunu gözlemlememiz gerekir.

b) **Kişilik tipleri (metaprogramlar)**
Yukarıda anlattığımız metaprogramlardan hangisinin karşımızdaki kişiyi temsil ettiğini gözlemlemeliyiz.

c) Olay/Anlatılan
Bireyi ve olayı mutlaka ayrı ayrı kalibre etmeliyiz. Olaya odaklanmalı ve ne anlatıldığını mutlaka anlamalıyız.
Gözlem esnasında (dinlerken) gözlerin büyür ve karşındaki kişi de bir şeyler saklamaya başlar.

2) Ahenk Kurma (Uyum)
Karşımızdaki kişiyi dinlerken mutlaka onu anladığımızı gösteren bir mesaj vermeliyiz. Bu mesajı verirken kişinin yaptığını onaylamış olmayız sadece uyum yaratıp onu anladığımızı ifade ederiz.
"Seni anlıyorum," demek "anlattığın şeyi kabul ediyorum" anlamına gelmez, duygularını, hislerini (üzüldüğünü, kızdığını, kırıldığını vs.) anlıyorum anlamına gelir.
Bu mesajı verirken kişinin yaptığını onaylamayız, sadece uyum yaratıp onu anladığımızı ifade ederiz.
Uyum sağlandığında kişi doğruları ifade etmeye başlar.

3) Eşleşme
Eşleşme karşındakiyle birçok noktada aynı duruma gelebilmektir. Anlaşamadığımız insanlarla eşleşemeyiz. Kimin yanında kendimizi rahat hissediyorsak, aslında o kişi bizimle eşleştiği için rahatızdır. 3 şekilde eşleşiriz:

a) Ses Eşleşmesi
Karşımızdaki kişiyle aynı tonlamada konuşmalıyız. Çok bağıran birinin yanındayken önce biz de yüksek sesle konuşmalı ve sonra ses tonumuzu normale düşürmeliyiz. Bir süre sonra karşımızdaki kişi de bağırmaktan vazgeçerek bizimle aynı ses tonunda konuşmaya devam edecektir.

b) Beden Eşleşmesi
İnsanlar taklitlerini sevmez ama benzerlikler hoşuna gider. Karşımızdaki kişi ile taklit ederek değil, benzer davranışlar sergileyerek eşleşmeli ve dinlemeliyiz. Karşımızdaki kişiyi peşimizden sürüklememiz gerekir. Örneğin çocuğu TV'nin başından kaldırmak için mutfaktan bağırmak yerine, yanına gidip onunla aynı şekilde, aynı pozisyonda oturduktan hemen sonra, "Hadi kalk yemeğe," derseniz hemen kalktığını göreceksiniz. Her kültürün bir beden dili vardır ve ortak davranışlar sergilerler (bir köy veya bir mahalle ortak beden dili kullanabilir).

- Beden eşleşmezse kelime de eşleşmez. İnsanlar kendileriyle eşleşenlerle rahat ederler.
- Evliliklerde benzer davranışlarda bulunanlar daha mutludur.
- Anlaşamadığımız insanla eşleşemeyiz. Kimin yanında rahatsak, o kişi bizimle eşleştiği için rahatızdır. Mesela patronumuzun yanında rahat değilizdir, çünkü onunla eşleşemeyiz.

c) Kelime Eşleşmesi
Karşımızdaki kişi kelimeleriyle bize kendini ele verir. En çok hangi kelimeyi duyuyorsak o kelimeleri önemsememiz gerekir, çünkü karşınızdaki kişinin duyguları da sorunu da orda

yatıyordur. Kelime eşleşmesi yapabilmek için karşınızdaki kişiyi çok iyi dinlemeniz gerekir, hatta birden fazla duyduğumuz kelimeleri not almalıyız ki biz de aynı kelimeler ile iletişim kurabilelim.

4) Mesaj Ver

Yukarıdaki tüm aşamaları uyguladıktan sonraki son aşamadır. Karşımızdaki kişiye mesaj, yani akıl bu safhada verilir. Artık söylemek istediklerimizi söyleyebiliriz. Bizlerin genel olarak yaptığı en büyük hata, önce mesaj vermeye çalışmaktır.

- Hata yapmış bir insana başkasının hatası gibi davranırsan bu davranışı bırakır.
- En iyi terapi oyundur.
- Sorun çözebilen kişi güçlü kişidir. Sorun nerdeyse çözüm de oradadır.
- Sorun çözebilen kişi gelişir ve faydalı olabilir.
- Başkası kötüyken ona verdiğim aklı, ben de kötü olduğumda bu aklı kendimde uygulayabiliyorsam işte bu mükemmeldir.
- Senin kaynağın ne ise onu yarat. Anlayışlı ol, gülümse ve yardım et.
- Başkasını seyreden kişi kendini göremez.

Hedef

Somut ya da soyut her şey istenebilir. İstek sınırsızdır. Hedef ise isteklerimizin arasında ulaşılabilecek olanlardır. Dünyada her şey sistematik olarak hedefe uygun hareket eder. Güneşin doğuşu ve batışı gibi ya da organlarımızın hedefe uygun şekilde tıkır tıkır işlemesi gibi. Hayvanlar âleminde otçul hayvanlar ot yemeyi, etçil olanlar ise et yemeyi hedefler. Düzen hiç şaşmaz. Kısacası İnsanlar dışında doğadaki her şeyin bir hedefi vardır. İnsanoğlu ise isteklerinin peşinde koşar.

Hedefler bizim kontrolümüzdedir ama istekler değil. İstekleri çok olan kişinin hedefleri de azalır. Bir işletmede en çok dedikodu ve fitne yapan kişinin bir hedefi yoktur. Aynı şey aile içinde de geçerlidir. Ailenizde hedefi olmayan kişi size zarar verir. Özellikle çocuk yetiştirirken, çocukların her istediğini yaptığınız an, onların hedef belirlemek ya da herhangi bir şey başarmak için hiçbir arzuları kalmaz.

- İnsanların hayatını kolaylaştırmayın.
- Kedi köpeğe zarar veren adamın hedefi yoktur.
- Etrafı dağıtan çocuğumuzun arkasından stresle ortalığı toplama gerekçemiz bile gelecek kaygısı aslında. Çocuk bize o sırada anı yaşamak için bir mesaj veriyordur.
- Çok sinirli bir insanın hedefi yoktur. Kişinin umudu yoksa sinirli olur.

Hedef peşinde koşarken hastalanmazsınız, kendinizi dinlemezsiniz ve sadece hedefe odaklanmışsınızdır. Bir insana yapacağınız en büyük kötülük, hedeflerini elinden almaktır. Terör hedefi olmayan insanların bulunduğu yerde çıkar. Sokakta doğaya kötü davranan bir insanın inanın hedefi yoktur.

- Uzun süreli durmalar insanı hastalandırır.

- Uzun vadeli hedefi olmayan kişiden korkun.
- İnsanlar hedefleri olmadığı zaman yanlışa yönelirler.
- Yanlışın içinde istek vardır.
- Hedefe giden yolda durup sıkılırsan yanlışa düşersin.

Hedefimizin peşinden gittiğimiz zaman sadece hedefe kitlendiğimiz için, yapmak istediklerimizi başarmaya çalıştığımız bu yolda, kendimizdeki veya çevremizdeki sorunlar, hastalıklar vs. bizim odak noktamız olmaktan çıkar. Biz bu yolda bunları görmemeye başlarız. Hedefimiz olmadığında ise boşlukta olacağımız için her sorunu görmeye ve yaşamaya başlarız. Böylelikle hastalıklar başlar, çünkü hedef durduğu an, gözler de yanlışları görmeye başlar.

Suç işleyen insanlara bakarsanız, hayatta hiçbir hedefleri yoktur. Bomboşlardır. İnsanlar hedefleri olmadığı zaman ve boş zamanları bol olduğundan yanlışa düşerler.

Ruhumuzun yaşlanmaması için sürekli hedefimizin olması gerekir. Beden yaşlanır, ancak ruh hedeflerimizin fazlalığında yaşlanmaz.

- İnsanların aşırılıklarını öğrenirsen karakterini de anlarsın (haftada çoğu gününü dışarıda geçiriyorsa vs.).
- Cebi bir dolup bir boşalan insan zamanı yönetemez.

Hayatımızdaki aşırılıklardan kurtulmak için önce onları bırakmamız gerekir. Farz edin ki içinizdeki her şeyle, yaşanmışlıklarınızla ve geçmişten getirdiklerinizle beraber bir havuzun içindesiniz. O havuzun içi kirlenmiştir ve her tarafı da çamur doludur ama yüzeyden baktığınızda bulanıktır ve içini göremezsiniz. Ancak bu temizliği yapmanız için, kendi içinize, yaşanmışlıklarınıza bakmanız, yani o havuzun içine girip temizlemeniz gerekir. Bu elbet de zaman alacaktır ama bir kez olsun tümden bu temizliği yaptığınızda bundan sonra gelecek olan bilgiler sizin temiz bilincinizde ve tertemiz olmuş o havuzun içinde, size daha doğru adımlar atmanızı sağlayacaktır. Bu süreçte sabır ve gerekiyorsa "bedel" ödemek gerekir.

HAYATTA NE YAPARSAN ONU BULACAKSIN.

Eğer birini aldattıysan, emin ol sen de bir gün aldatılacaksındır. Eğer birinin hakkını yediysen, emin ol senin de bir gün bir yerde belki başka bir şekilde dahi olsa hakkın yenilecektir.

İnsanlara hak etmediklerini vermemeliyiz.

YAŞAMDA ANİDEN VE HAK EDİLMEDEN GELEN HER ŞEY ANİDEN GİDECEKTİR. ANCAK GİDERKEN SENİN DE AYAĞINI KAYDIRACAKTIR.

Her şey kötü giderken iyi olmayı başarabiliyorsak sorun yok.

İnsanlar ne yazık ki kendilerini dışarıdakilere göre dizayn ediyor. Sen kendini doğru dizayn et ki toplum sana uyum sağlasın. Bilgi kimsenin tekelinde değildir. Deneyimlediğiniz şeyleri anlatın, herkesle paylaşın.

- İnsanların istekleri çok artmışsa, sen de hedeflerini çoğalt.
- Her şey kötüyken iyi olmayı becerebiliyor musun önemli olan bu.
- İnsanlar eşit değildir. Herkes hak ettiğini yaşamalı, iyi kötü, doğru yanlış hak ettiğinin fazlasını verme.
- Ne istersen onu yaşarsın. Avlandın mı avlanırsın.
- Tükettiğini üretmediğin sürece bulamazsın, aniden gelen her şey aniden gider.
- Sen kendini doğru dizayn et, toplum da sana hizmet etsin.

"Çocuğunuzu hayata kazandırmak istiyorsanız hayatı ona göre dizayn etmeyin. Çocuğunuzun hayata göre dizayn olmasını sağlayın."

"Uğraşı ve hedefi olmayan insandan en büyük zarar yine kendisine gelir."

Hedef Nasıl Belirlenir?

Hedef Olumlu Olmalı

Hedeflerimizi belirlerken öncelikle istemediklerinize değil istediklerimize odaklanmak gerekiyor. Oysa bizler istemediklerimize o kadar odaklanıyoruz ki istediklerimizi düşünemiyoruz bile. Mesela insanoğlu istemediklerini daha rahat sıralıyorken, "Ne istiyorsun?" diye sorduğumuzda cevap verirken zorlanırlar. Beyin ne hedeflediğini düşün der. Biz neyi hedeflediğimizi biliyorsak beyin de hızlı bir şekilde ona konsantre olabilir ve süreç hemen işlemeye başlar. En büyük yanlışı yapmaması gerekeni öğrenenler yapar. Öncelikle hedefiniz mutlaka olumlu olmalı. Örneğin markete giderken soğan almayacağım yazmayız. Çocuğa öyle yerlere gitme demek yerine böyle böyle yerlere git denilmeli.

Hedef Faydalı Olmalı

Belirlediğimiz hedef hem bize hem de çevremize faydalı olmalıdır. Sadece öznel faydası olan bir hedef belirlemek zalimliktir ve bu hedeften çıkar. Hedefimizin faydalı olmasını belirlerken şu noktalara dikkat etmeliyiz:

- Hırsızların sadece kendisine faydası vardır.
- Yapıcı ve yıkı eleştiri çok farklıdır.

- Sen ne kadar doğru olursan ol karşındaki kişi yanlışsa bırak o kişiyi.

"Bir şey öğrendim şu hayattan; eğer ki doğrularınızı çoğaltmak istiyorsanız yanlışlarınızı azaltın yeter. Ekstra doğruya gerek yok."

İhtiyaç

Lütfen hedefimizdeki ihtiyacı sorgulayalım, çünkü gerçekten ihtiyaç duyduğumuz şeyler hedeftir. İhtiyaçlarımız çok değilse o hedefi tekrar gözden geçirmeliyiz.

"Mutlu olayım" soyut bir istektir. Başta da belirttiğimiz gibi istemek ayrı hedeflemek ayrı şeylerdir. Saygılı olmayı hedeflersek saygılı olabiliriz. İstemekle saygılı olamayız. Çocuğumuzun mutlu olmasını hedefleyebiliriz, isteyebiliriz ama bunu hedefleyemeyiz. Sonunda mutlu olabilmesi çocuğumuzun kendi elindedir. Karşımızdaki kişiye, "Elimden geleni yapıyorum ama seni mutlu edemiyorum," diyerek olmaz, siz şartları sağlayın ve geri çekilin, sonucunu karşımızdaki kişi bedelini ödeyerek gösterecektir. Birilerinin mutlu olmasını istemeyelim o onların bileceği iş. Sen yardım etme gücüne sahipsin ama onu mutlu etme gücüne sahip değilsin. Bize yapılan eylemi, çabayı görüp takdir etmeliyiz ama sonuca bakarsak mutsuz oluruz, biz çabayı ödüllendirmeliyiz sonucu değil.

"Bir çocukta kıskançlık hat safhada ise ona arkadaşını takdir etmeyi öğretin. Takdir edilecek yanları bulup ona fark ettirin, bakın kıskançlığın nasıl azaldığını göreceksiniz.
Hırs, kıskançlığı, kıskançlık ise takdirsizliği doğurur.
Başkasını gözünde küçülten kendisini de küçük görmeye başlar."

> *"Kıskanç insan, başkalarını takdir edemez ve bu takdirsizlik, geriye dönüp sahibini bulur, kendi başarılarını da takdir edemez."*

"Size söylüyorum kıskanç insanlar, tamam beğenmek güzel de, beğenip çamur atmak ne diye. Size bir öneri, aşırı kıskandığınız kişi gibi olamayacaksınız. Siz çamuru ona attıkça zamanla bataklığa batacaksınız. Bence takdir edin, sizin de olur."

Yapılan eylemi takdir et, sonucu takip etme.

Siz elinizdeki çiçeği uzatın sadece, onu koklamak ve saklamak karşımızdaki kişinin elinde. Genelde bizler kameranın hep ön tarafına bakar ve buna göre yargılarız, oysa kameranın arkasına bakmayı bilmek gerekiyor. Unutmayın yıkıcı bir eleştiri yaptığınızda, karşınızdakinin size karşı olan çabasını da engellemiş olursunuz.

Niyet

Her hedefte bir niyet olmalıdır ama niyetinizde kişisel çıkar ve beklenti olmamalıdır, çünkü niyetiniz ne ise sonuçta da karşınıza o çıkar. Bir kişiye çıkarınız için yaklaşırsanız, bir başkası da size kendi çıkarı için yaklaşır. "Niyetleri iyi sorgulayın." Nedenlerini sorgulayamadığınız şeylerin sonucunu yaşayamazsınız. Ne niyetle uyuyoruz? Ne niyetle uyanıyoruz? Niyet hayatımızın akışını belirler. Niyetleri çoğaltırsan hedeflere de hızla ulaşırsın.

Bir ailede her bireyin niyeti farklıysa o evde dirlik ve beraberlik olmaz. Ortak hedefin olmadığı yerde ayaklar başka yere gider. Arkadaşlarla yapılacak bir kahvaltıda bile birçok niyet vardır; muhabbet etmek, özlem gidermek, manzarayı izlemek, karnını doyurmak gibi.

Ailesine akşam yemeğini özenle hazırlamış bir kadın, o yemeği hazırlarken birden fazla niyet içindedir. Ailece hep beraber sofrada birbirlerini göreceklerdir, kocasını doyuracaktır, kızının belki de en sevdiği çorbayı yapmıştır, belki yeni bir tarif denemiştir ve hevesle ailesinin bu yeni yemeğin tadını nasıl bulacaklarını merak ediyordur. Kocanınsa niyeti bir an evvel doyup televizyonun başına geçmektir, oğlunun niyeti bir an evvel bilgisayardaki oyununa devam etmek, kızının masaya gelme niyeti ise kendisine kızılmamasıdır. Dolayısıyla o masanın etrafındaki her birey ayrı bir niyette olduğu için, annenin kendileri ile paylaşmak istediği her kelimeye, konuya kapalıdırlar ve bu sebeple de sohbet etmezler.

- Birine çıkarın için yaklaşıyorsan, başkası da sana çıkarın için yaklaşır.
- Size aşırı sevgi gösteren birini görüyorsanız, bunu kendi çıkarı için yaptığını unutmayın.

Yaşama nedenleriniz yoksa sadece yaşarsınız ve ne yaşadığınızı fark edemezsiniz. Yaşamı anlamlandıranlar ise yaşamın tadına varanlardır.

"Yaşamının bir anlamı var mı? Yoksa anlamını mı arıyorsun?"

Bazı insanların yaşadığı mutsuzlukların nedeni doğaya ait olmamalarıdır. Doğadan keyif alamadığımızda da hastalanmaya başlıyoruz.

Hazları azaltırsan mutluluk artar. Beklentine cevap alamadığın zamansa mutsuz olursun.

- Dişin beyazlasın diye çok fırçalarsan dişin zarar görür. Hangi niyeti önde tutuyorsan onun sonucunu elde edersin.
- İnsanların yaptıklarının alt nedenlerine bakın.

Bir karıncanın bile hedefi vardır. Önüne engeller koysanız bile o yuvasına yemeğini götürmek için yolu uzasa da, engeller karşısında esnemeye, kabullenmeye razıdır. Yolundan şaşmaz ve ne pahasına olursa olsun hedefine ulaşır. Biz insanlar ise hedef yolumuzda en ufak bir sorun gördüğümüzde arkamızı dönüp hedefimizden vazgeçeriz.

Hedef belirlerken, niyetlerinizi ve nedenlerinizi çoğaltın, çünkü hedeflerinizin niyetlerini ve sebeplerini artırdığınızda, beyninizde daha fazla yer kaplamaya başlar ve bu yolla da hedefinize daha konsantre olursunuz. Dahası yıkılma ihtimaliniz azalır.

Vapurda martıları ve denizi seyreden kişi huzurludur, sürekli kalkıp dolaşan kişiyse huzursuzdur.

"İstediklerinizin nedenleri az ise ulaşmanız zorlaşır.
Nedenlerinizi artırın."

Hedef Mantıklı ve Ulaşılabilir Olmalı

Beynimiz soyut şeylere cevap vermez. Beyin, mantıklı, reel şeyler ister. Mutluluk ise sonuçtur. Bir şeyi başarırsan sonucunda da mutlu olursun. Mutlu olmak için çaba göstermek gerekiyor. Mutlu insanların birlikteliği mutluluk getirir. Bireyler mutluysa mutlu bir evlilik yaşarlar.

Hedefimiz mantıklı olmalı. Hedefi belirlerken, önce küçük adımlarla önüne çıkanlara ulaş ve sonra da hedefine ulaş.

"Birlikte mutlu olabilmek için her şeye aynı bakmak gerekmez. Hem kendi algınla hem de onun algısıyla bakabilmektir

mutluluk, çünkü anlayabilmek gerekir. Bunun da tek yolu birlikteliktir."

Hedefinizin Sürecini Sevin, Sonucunu Değil

Ego insanları yaşamlarında geriye çeker ve istenmeyen şeylere yol açar. Dozu çok önemlidir. Başarı yolculuğunda egosuz olmak gerekiyor ama başarıya ulaşıldığında da egonun tadını çıkarmak gerekiyor. Elbette egosuz yaşanmaz ama kontrollü olunması gerekiyor.

Hedef Detaylandırılmalı

Hedef detay ister. Hayat detaylandırınca güzel olur. Detay insanın hayatına ayrıntı getirir. Hedefinizde detay olsun.

Dünyanın bütününe değil detayına bakmak gerekir. Kendinizi detaylandırın ve en küçük detayda yaptığınızı düşünün? Odanızda yalnız kalmak için ne yaptınız? Ne hissediyorsunuz? Gerçekten rahatsanız, mutlu ve huzurlusunuzdur. Çocuklar minimum bir alanda oyuncaklarını dağıtarak maksimum bir alan yaratırlar. Biz yetişkinler ise maksimumdan minimuma çevirip alanlarımızı daraltırız. Bizler kendimizi korkularla, kaygılarla daraltıp küçüldük. İklim kötüye gidiyor, terör var, işin gücün olsun yeter eve kapat kendini demek yanlış bir kodlama. Biz yaptık bunu. Popüler kültür belirliyor bazı şeylerimizi. Açılmak gerekiyor, zihnimizi, ufkumuzu açmamız gerek. Okuduğunu paylaşırsan gelişirsin. Paylaşmak öğrenmek demektir. Sadece okumak yeterli değil.

Hedef Somut ve Ölçülebilir Olmalı

Hedefimiz soyut değil somut olmalıdır. İnsanoğlu soyutu somuta, somutu da soyuta çevirebilen tek varlıktır. Herkes kendine dürüst olmalı. Pişmanlıklarımızı, hatalarımızı yazıp kendi kendimize tekrar bu hataları yapmamak için terapi yapabiliriz. Elle tutulur 3 km yürüyeceğim somut bir hedefken, huzurla yürüyeceğim soyut bir hedeftir. Ölçülebilirliği ise beynin sol tarafının çalışmasını sağlıyor.

BİZ SÜREÇLE İLGİLENİYORUZ, SONUÇLA İLGİLENMEYECEĞİZ.

Hedef Kontrolümüz Altında Olmalı

Biz elimizden geleni yaparız ama olup olmaması bizim elimizde değildir. Örneğin çocuğumuzun iyi bir geleceğinin olması için şartlar yaratabilir, onu yönlendirebiliriz ama bunu başarmaksa çocuğun elindedir. Dolayısıyla bu bizim değil onun hedefidir. Kendimiz için koyduğumuz hedeflerin kontrolü bizim elimizdedir.

Bir taşa oturup hükümet kuruyorsan huzursuzsun, çiçekleri seyredebiliyorsan huzurlusun.

1. Bir insanın tam olarak ne istediğini bilmesi ilk adımdır.
2. Bunun için (yani hedef için) ne kadar bedel ödemeye hazır olduğunun da farkında olmalısın.
3. İstek başka şeydir, hedef başka şey.
4. Hedefsiz bir insanın istekleri artar ve tatmin olamayan bir yapıya dönüşür.
5. Örneğin bir firmada kimin hedefi en azsa, en az fayda sağlayan kimse en büyük sorunu da o yaratır, yani tersi bir durum söz konusudur.
6. Hedefsiz bir insanın isteklerini tatmin etmek adeta olanaksızdır ve tatmin olsa bile bu geçicidir.
7. Hedefi olan kişinin kişisel tüketimi düşüktür.

8. Hedefi olan insanlar grup oluşturur ve ortak amaca hizmet ederler. Olmayanlar ise sadece sıradan ve sorunlu bir topluluk olup çıkarlar.
9. Futbol maçlarındaki fanatik taraftarlarla sadece seyir için gidenler gibi!
10. Bu gençlerde asabiyet olarak ortaya çıkar ve bu doğanın yapısına aykırıdır, çünkü güneşin, ayın, yağmurun, yani her şeyin bir hedefi vardır. Bedeninin bile. Hedefsizliği yaratansa zihindir.
11. Oysa çocuğa hedef koyduğunuzda tüm kaprisleri ve istekleri biter ve ailenin ortak çıkarları için çaba göstermeye başlar.
12. İnsanın hedefsizliği onun varlık nedenine terstir, çünkü güneşin, dünyanın hep bir hedefi vardır.
13. Hedefi olan bir insanın ahlaki yapısı ne olursa olsun, tüm enerjisini hedefine doğru akıttığı için, kimseye zarar vermez (tabii ki hedefi zarar vermek olan insanlar hariç).

Kabullenebilmek

Kimse hayatında acı istemez ama oldu, oluyor ve olacak da. Önemli olan hayatımızdaki sıkıntıları nasıl karşıladığımız, çünkü yaşadıklarımıza anlam vererek zihnimizdeki yerini belirliyoruz. Örneğin birine kızmışsak onunla ilgili görsel tasarılar yaratıp gerçeğin olmadığı yerde stresimizi artırıyoruz. Baktığınız zaman her şey sanal, yani her şey beyinde algılayış şeklimizde yol alıyor.

Yaşamda her şeyi kontrol edebilmek imkânsız. Böyle bir gücümüz yok ama kontrolümüzde olan şeyleri de iyice gözden geçirmeliyiz.

Genelde bize sıkıntı veren durumları kabullenemeyiz. Bu

yüzden onu reddettikçe zihnimizde kalmasını sağlarız. Zihnimizde kaldıkça yerini değiştirir, yeni anlamlar katar ve kendimizi içinden çıkamayacağımız olumsuz bir ruh haline sokabiliriz. Örneğin depresyonu ele alalım. Bizler acı yaşarken depresyona girmeyiz. İşlerimiz kötü giderken, eşimizle problemlerimiz varken, istemediğimiz bir şey yaşarken beynimiz savaşı sürdürür. Bu durumda depresyon yaşanmaz, beyin kabullenemediği için tepki vermeye devam eder. Hâlâ çıkış yolu arar ve savaşır. Daha tepkiseldir ama sorun kontrolünden çıkarsa yavaş yavaş kabullenmeye başlar. Tam anlamıyla kabullenirse olayın depresyonunu yaşar. Bu durumda beyin savaşmayı bıraktığı için kişi içine kapanır; sessizleşir, tepkisellik biter ve istemsizlik başlar. Örneğin bir yakınını kaybeden kişi onun ölümünü kabullenene dek depresyon yaşamaz. Ne zaman ki, "Evet o öldü," diyerek kabullenirse işte o zaman depresyona girer.

Depresyon sürecinde hiç tedavi olunmasa bile en fazla 6 ay içinde vücudun kendini tedavi etme özelliği sayesinde kişi iyileşir. Zaten ülkemizde milyonlarca kişi farkında olmadan depresyon yaşayıp iyileşiyor.

Bu yüzden bir şey kontrolünüzden çıkmışsa, sizin elinizde değilse, olayı kabullenmeye çalışmanız en sağlıklı süreçtir.

Depresyonu yaşamadan yeni bir pencere açamayız. İnsanlar kabullenmedikleri şeylerin üzerine yeni olaylar yaratıp devam ettikleri için psikolojik sorunlar yaşarlar. Hayatın en anlamlı sürecidir kabullenmek.

Kabullenmek ile boyun eğmek aynı şey değildir.

Hedefiniz için sonuna kadar gidip savaşın.

Bir yerlerde kontrolünüzden çıkıyorsa kabullenin demek istiyorum.

Depresyon kimi için yeni kapılar açar, kimi için çıkış kapısını kapar.

Şimdi bir düşünelim hayatımda hangi problemleri kabullenmedim hâlâ?

Kontrolümde olmayan ne var?

Bu farkındalığa ulaşalım, sonra devam edelim neler yapmamız gerektiğine.

> *"Elimizde öyle bir şey var ki başkalarına verdikçe artıyor. Almaya çalıştıkça da azalıyor. SEVGİ... Sevginin fakiri zengini yok, herkeste var. Sadece kendisine saklayıp vermeyen çok. Bayramda SEVGİ dağıtın..."*

Sevgi

Sevgi bütünlüktür. Âdem ile Havva bir bütünden ayrışmışlardır. Sevgi aslında insanın bütünleşme ihtiyacıdır ve her birey bir şeylere ait olma duygusu içindedir. İnsanlar ayrı kalma korkusundan dolayı bir şeye yapışırlar. Cinsel birleşmedeki haz bir bütünleşmedir. Kişi orda karşı cinsten ayrı olmadığını hissediyor. Ya da dinsel törenlerdeki transa girme hali de bir bütünleşmedir. Bütünleşememiş kişiler ise mutlaka bir şeye bağımlılık geliştirirler ve geliştirdikleri bu bağımlılık ile bütünleşirler (alkol-uyuşturucu vb.). Biz sevgi duygusuyla doğarız. 0-2 yaş arasında ilk bütünleşmemizi annemizle yaşarız. Normal doğum sırasında insanoğlu ilk travmasını yaşar. Hayatımızda başımıza gelmiş en korkunç ve bir o kadar da güzel olan olay doğumumuzdur, çünkü ana rahminde büyürken annemizle bir bütündük. Kordon bağı ile annemize bağlıydık ve her türlü ihtiyacımız o kordon bağı sayesinde annemiz tarafından karşılanıyordu. Dünyaya gelirken travma yaşamamızın sebebi olan ilk ayrı kalma, kopma duygusunu doğum sırasında yaşarız. İşte doğum sonrasında 0-2 yaş arasındaki bebeklerde anneleriyle olan bütünlük koku, ten ve göğüs ile devam eder. Bebeklerin anne kucağından alındığında ağlamalarının sebebi de ayrı kalma korkusudur. 3 yaşına kadar her çocuk bunu yaşar.

Doğumdan sonra annesi tarafından terk edilen çocuklar annesi ile yaşayamadığı bu bütünleşme yüzünden farklı bütünleşmeler arayacaktır.

3 yaşından sonra artık bir birey olduğunu fark eden çocuklar eğer annelerinden ayrılma sürecini sağlıklı yaşayamazlarsa bu sefer yeniliğe, farklılığa, başkalarına karşı duyulan bir korku yaşanmaya başlar. Okula başladığında gidip öğretmenine yapışır onunla bütünleşmeye çalışır. Okula bile yazdırırken bir şeyle bütünleşme ihtiyacı duyuyordur çocuk.

Eşiyle, çocuklarıyla, akrabalarıyla bütünleşemeyen insanlara bir bakın bu tipler muhakkak bir şeye bağımlılık geliştirmişlerdir, mesela iddia, at yarışı ya da gelir seviyesine göre yurtdışında gittiği kumarhaneler gibi. Aslında bizler bütünleşme ihtiyacı hissettiğimizden ve ayrı kalma korkusu yaşadığımızdan yanlışlar yapıyoruz hayatta.

Aslında içimizde çok fazla sevgi duygusu var ama bize hep başkaları tarafından sevilmemiz gerektiği öğretildi. Evleneceğim insan beni sevsin, çocuklarım beni sevsin, arkadaşlarım beni sevsin isteriz. Oysa bu tamamen yanlış. İç dünyamızda duygularımızın var olduğu bir bölüm var. Sevgi de bu bölümde statik olarak durur. Siz statik olan bu duygunun içinden bir parça alıp dışarıya verirseniz artık o bölüm statik olmaktan çıkar ve hareketlenir. Sevgi size kokusunu vermeye başlar.

Yani SEVGİ ASLINDA ALMAK DEĞİL VERMEKTİR. Bizler sevgiyi verdiğimizi zannediyoruz.

Kadınların anne olduktan sonra çocuklarına çok bağımlı olmalarının nedeni sevgi vermeye duydukları bağımlılıktır. Anne ve çocuk arasında bu verme süreci hızla artar ve iki taraf da birbirine bağımlı olur.

Bu dönemde sadece çocuğu ile bütünleşip eşiyle bütünleşmeyen kadınların eşleri bütünleşmek için başka şeylerin arayışına girerler.

İnsanlar sevgi veremedikleri için hastalanırlar, alamadıkları için değil. İnsanların %90'ı belli bir yaştan sonra tanrısal sevgiyi ön plana çıkarıyor, çünkü senelerce içinde biriktirdiği, veremediği sevgiyi hiç görmediği, duymadığı bir güce dönerek ona veriyor.

İnsanlar somutlaştırma ihtiyacı duydukları için soyut olan sevgiyi putlaştırıyor, paraya, eşyaya, kariyere kodluyorlar.

Başkaları bizi sevsin diye maddesel bir şeylere sahip olma ihtiyacı duyuyoruz. Herkesin kör olduğu bir toplumda ne giydiğimizin, hangi arabaya bindiğimizin, nasıl bir evde oturduğumuzun bir önemi var mı?

Sevgiyi vermek için bu dünyaya geldik, o yüzden vermiş olduğumuz sevgiyi sanki çok önemli bir şeymiş gibi göstermememiz gerekiyor. Eşimizi, çocuğumuzu ailemizi sevdiğimiz için lütufta bulunmuyoruz. Sevgiyi verip de beklentiye giriyorsak bu sevgi değildir. Sevgi verdiğin için alkış bekleme, sevgi ve iyilik alkışlanmaz.

Hep bir eksiklik duygusu ile yaşıyoruz aslında. Emek harcadığımız bir şeye sahip olamayınca da kızıyoruz, sinirleniyoruz. Çocuğumuza emek harcadığımızda bunun karşılığını bekliyoruz; iyi not almasını, odasını temiz tutmasını vs. Oysa gerçek sevgi çocuğumuzu her şart altında sevmektir. Sevmeyi bilmiyoruz, dahası sevgiyi şartlıyor, koşulluyoruz.

Kim hata yapıyorsa onu sevin. Yapacağınız tek şey onu sevmektir. Sevgi şımartmaz taviz şımartır. İnsan taviz verdiğinde karşılık bekler, sevdiğinde değil. Karşımızdaki ne yaparsa yapsın ona çizik atmak haddimize değil.

Zenginlik çok şeye sahip olmak değil, çok şey verebilmektir ama ne yazık ki bize hep maddesel varlığın zenginlik olduğu öğretildi; bankadaki para, ev, araba gibi.

Merhamet, elinde güç olanındır. Zayıfların merhamet etme hakkı yoktur.

Maddesel anlamda fakirleşenlerin ise acıma duyguları artar. İnsanların malı arttıkça acıma duyguları, paylaşma duyguları azalmaya başlar.

Kişi yaptığı işi severek yaptığında kendini iyileştirir. Bir öğretmenin öğrencisini eğitmesi, bir doktorun hastasını tedavi etmesi, bir tiyatro sanatçısının başarılı bir oyun sergilemesi gibi... Aslında seyirci tiyatrocuyu başarılı kılar ya da hasta doktoru, öğrenci öğretmenini.

Hepimiz bir şeylerle uğraşıyoruz ve bu uğraştığımız şeyler eğer severek yaptığımız şeyler ise, bize iyi gelir ve bizi tedavi eder. Eğer severek yapılan işlerde bu işleri yapanları alkışlarsak kişiler narsist olur. İşte o yüzden kişiyi değil davranışı alkışlamamız lazım. Bir işin sürecini sevmek lazım, nedenlerini sevmek lazım, böyle olduğunda o işle bağlantılı olayları, insanları sevmeye başlarız. Yaptığımız işi sadece paraya, kazanca odaklarsak işte o zaman mutsuz oluruz, çünkü insanlar genelde iyi bir maaşın, iyi bir kariyerin kendilerini mutlu edeceğini zannederler. Oysa bu tamamen yanlıştır. İşimizi severek yapmaktır bizi asıl mutlu eden, çünkü karşılığında birine faydamız dokunur. Bir işi mutlu olmak için yaptığımız zaman mutlu olamayız. Mutlu olmak için sevmek gerekir ve insanlara sevgilerini verebilecekleri birilerini bulmaları gerektiğinin anlatılması şart. Kendilerini sevecek birilerini aramaktan vazgeçmeliler.

"Sevilmeyi bekleyen insanların içindeyiz. Sevgi alınan değil verilen bir şey ise daha çok beklersiniz..."

Mazoşist: Sevgide boyun eğen kişilere denir. Mutlu olmak için başkasına ihtiyaç duyarlar ve onun dediklerini yaparlar. Sadece sevilmek hoşuna gider. Bağımlılık geliştirirler. Aldatılan, dayak yiyen ve bundan kurtulmak için çaba sarf etmeyen kadınlar böyledir.

"İhtiyaç duymadan yaşayabilmektir mutluluk. Kendimize ihtiyacımız var bir başkasına değil. İnsan aslında birini unutmaya çalıştıkça kendisini unutur. Sen var olacaksın ki önce diğerleri arkandan gelsin. Kimseyi önüne koyma, çünkü takip edemezsin."

Sadist: Sevgide ezen kişilerdir. Yok sayarlar. Kendilerini üstün hissedebilecekleri insanlar ararlar. Kendilerini çok sevdikleri için aslında başka kimseyi sevmezler. Eşlerden biri sadist ise bu tip kişiler boşanmazlar, çünkü kendilerine tapan kendilerini yücelten kişiyi hayatlarından çıkarmak istemezler aksi takdirde tatminsiz kalırlar.

Genelde bir mazoşist bir sadistle birlikte olur ve her iki tip insanda da gerçek sevgi yoktur, çünkü gerçek sevgide özgürlük olmalıdır.

Peki sevgi tek başına yeterli mi? Olgunlaşmış sevgi karşılık beklemeden verme eyleminin olduğu süreçtir. İşte bu sebepten sevgimizin olgunlaşmış olması gerekiyor bunun için de aşağıdaki alt başlıkların o sevgi içersinde olması gerekir.

İlgi
Sevginin yanında mutlaka ilgi olmalı. Sevgi ilgi ister. İlgiyi çok bekleyen ilgi veremez. Bekleme konsantrasyonundan dolayı ilgi gösterme becerimiz gelişmez. İlgi gösterilen her yer yenilenir, her şey tazelenir hatta gençleşir. O yüzden her ne olursa olsun hayatınızda sevgiyi akıtabileceğiniz her şeye ilgi gösterin. Hayatla ilgilenin, insanlarla ilgilenin, doğayla ilgilenin. Gerçek sevginin içersinde mutlaka ilgi olmalıdır. İlgilenmediğiniz şey sevdiğiniz şey değildir. Birisi bizimle ilgilenmiyorsa her ne kadar bize, "Seni seviyorum," dese de aslında doğru olmadığını bilmeliyiz.

Birinin üzerine çok gidiyorsanız onun size gelmesini de engellersiniz. O yüzden her şey dengede olmalı.

- İlgi gösterilen her yer gençleşir, ilginin olduğu yer canlıdır.
- Sevmek ilgi göstermektir.

- İlgilenmediğiniz şey gerçekten sevdiğiniz şey değildir.
- Sevip de ilgi göstermediğin kim var, ne var bir düşün?

"Sevgi ilgiyle birleşince güzel..."

Sorumluluk

Bizler sevgimizi, ilgimizi vermekten sorumluyuz. Sevgimizi göstermekten sorumluyuz. Oysa bizler sevgiyi, ilgiyi karşımızdakinden almanın sorumluluğunu hatırlatıyoruz insanlara. Beni sevmelisin, benimle ilgilenmelisin, bu işi bitirmelisin, bana şöyle sözler söylemelisin gibi.

Aslında insanlara sevgilerini göstermeleri gerektiğinin sorumluluğunu vermeliyiz.

Saygı

Severken saygılı olmak çok önemli. Karşımızdaki kişi bize "istediğimiz gibi davrandığı" için değil, olduğu gibi davrandığında saygı duymalıyız. Saygı aynı zamanda kişiler arasındaki mesafeyi belirler, bağımlı ilişkiyi yok eder ve karşımızdaki kişinin kendi hallerinde büyümesine de izin verir. Saygı başkaları üzerindeki aşırı yaptırımlarımızı engeller. Eğer sevginin içinde saygı olmaz ise insanları boğarız. Sevgi ve saygı bir araya gelmediğinde çocuklarımızı, eşimizi çok şımartırız. Biz sevgimizi veririz ama karşımızdakinin bu sevgiyi aldıktan sonra yapacaklarına da saygı göstermek zorundayız.

BİR ŞEYİN SÜRECİNİ SEV SONUCUNU DEĞİL.

SEVGİMİ VERDİM SANA, İSTER VER İSTER VERME BU KONUDA SANA SAYGI DUYUYORUM.

Bir konuda çok acı çekiyorsan, o duygunun kölesi olmuşsundur.

Sevgi verilen bir şey iken aşk alınan bir şeydir. Aşkta bireysel bir şey yoktur, yani aşk köleliktir. Asıl erdem ise sevgidir. Aşk insanların sevgiyi yaşaması için onları bir araya getirendir aslında. Aşk bir geçiş sürecidir. Eğer aşkın sonunda sevgiyle devam edemiyorsan o zaman ilişki de biter. Herkes aşkta ustadır ama sevgide usta olamaz. Aşkta sadece kendimizi mutlu etme çabası vardır. Sevgiyi doğru yaşarsak aşka bağımlı olmayız.

"AŞKta hırs, ego, hep ben dili vardır. 'Ben mutlu olayım,' der, çıkarına hizmet eder! SEVGide biz vardır. 'O seviyor mu? O istiyor mu?' diye düşünürler..."

"Bugün ne düşünmek istiyor gönlünüz? Sadece ona odaklanın."

Bilginin yolculuğu, çözüm üretme konusunda bir altyapı oluşturur.

Dış algı, duyu organlarını kullanarak (bilinçsiz olarak) elde ettiğimiz bilgilerdir.

Hafızaya yerleşmeleri uzun sürelidir.

Bilinçli yapılan ise onu anlamaya yöneliktir.

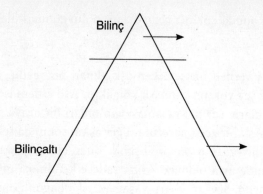

Freudçu yaklaşım tepkilerin açığa vurulmasının daha sağlıklı olduğunu söyler.
Çocuklar tepkiler vererek düşünmeden davranır.
Oysa bu çocukların en tipik davranışıdır.
Onlar her olaya son derece duygu yüklü tepkiler verirler; ağlayarak, bağırarak, gülerek vs.
Oysa ergenlik sonrası aynı tepkileri göstermek insanı sadece deli gibi gösterir.
Bu noktadan itibaren gösterilmeyen tepkiler bedende birikim yapar ve stres yaratır. Ancak bu enerji aynı zamanda insanın hücre bilinç yapısını da direkt etkileyen en temel davranış kalıbıdır ve sabır dediğimiz yapının oluşumu da böyle gerçekleşir.

Somut (para, kıyafet, estetik vb.) değerlerle mutlu olan insanlar tepkileri en sert olanlardır.
Dolayısıyla somut mutluluklar, insanların en zayıf noktalarıdır.

Oysa yaşamın devamlılığı sanıldığı gibi somut değerler ile değil, daha özgün soyut değerler ile mümkündür.

Burada en önemli noktaya geliyoruz gene: Önemli olan yaşamda varlık ve güç sahibi iken tevazu içinde yaşayabilmektir.

Algı

"Zevk somuttur, materyal aracılığıyla olur.
Mutluluk ise soyuttur ve madde söz konusu olmasa da olabilir."
Bir kadınla sevişmek zevktir, seviştikten sonraki güzel duygular ise mutluluktur (veya tersi mutsuzluktur).

Fırsat olarak gördüğün her olayda bir sorun, sorun olarak gördüğün her olayda da bir fırsat vardır.

İç algı duyu organlarından bağımsız tamamen beyin ile algıladığın şeylerdir.
Âşık insan dalgın değildir, sadece iç algılara odaklanmıştır.

İç algı aktifleştikçe dış algı pasifleşir (delilik yapısı).

İnsanların odaklanmalarını yönetememeleri başka şeydir, algılama problemi başka şey. İnsanlarda odaklanma sorunu yoktur, algıyı yönetememe sorunu vardır.
Algılama problemi diye bir şey yoktur, sadece hangi algı biçimine odaklandığı sorunu vardır.
İç algıya odaklanmış birinin dış görüntüsü çok da önemli değildir. Hayal dünyası geniştir. Fikir üretir, fikir geliştirir, çeşitlendirir (tefekkür).
Dış algıya odaklanmış biri de aksine dış görünümüne çok önem veren tiplerdir. Odaklanma sorunu yaşarlar.
Dış algı halindeki zihin yavaştır, dinlenme halindedir, sanki limanda çürüyen milyar dolarlık yat gibidir.

İç algıya dış algı bir fark olursa bu şaşırmadır.
Örneğin sınıfa girdiğinizde iç algınız size sınıfta 9 kişi varmış gibi gösterir. Oysa bir müddet sonra bir de dikkat edersiniz ki aslında 4 kişi vardır ve 3'ü de yabancıdır. Şaşırma

İç algı olumlu beklenti içindeyken, dış algı olumsuz sonuçlanırsa bu hayal kırıklığıdır.

İç algı olumsuz beklenti içindeyken, dış algı olumlu sonuçlanırsa sürpriz yaşanır.

Şok–Travma: İç algıların aksi yönünde gelişen abartılı farklar travmadır (beklenti yüksek, dış algı şok derecesinde düşükse bu travmadır).

Bir insanın dış algısı ne kadar düşükse yaşamı da o kadar huzurlu ve istikrarlıdır.
Bir insan başkalarının kendinden beklediği iç algıyı (beklentileri) ne kadar düşük tutarsa onlara doğru attığı her adım da o kadar değerli olur.

- Asla söz verme.
- İnsanların seni basite almasını sağla.
- Yapacağın şeyi asla söyleme.
- İnsanların seninle ilgili olan beklentilerini asgariye indir ki yaptığın her şey sürpriz olsun.
- Asla böbürlenme.
- Asla büyük konuşma.
- Karşındakini her zaman öv.

Basite aldığın veya abarttığın her şeyden mutlaka zarar göreceksin demektir.

Hiçbir şeye aşırı güvenme, çünkü bu seni korumasız yapar.
Çok arzu ettiğin bir şeyin mutlaka olumsuz taraflarını görmeye çalış.

Eğer herkes tedirginse lider sakin olmalıdır.

Dış algıda acı veya haz yoktur, iç algıda ise bu değerler vardır.

Bir tırı son anda fark eden insan beyni çarpmadan saniyenin binde biri kadar bir süre önce kendini dış etkilere kapatır ve bu hiçbir acı hissettirmez.

Bayılma, kişinin akıl sisteminin bozulmasını engellediği için gerçekleşir.

Nefret de iman da belli davranış kalıplarını kendine rehber eden kişilerin önyargılarıyla oluşur. Örneğin tamamen siyah giyinen, askılı ve top sakallı bir adam size bir malı 10 TL iken 6 TL'ye satmışsa ve siz onu tecrübe ile sabitlemişseniz aynı görüntüye sahip her insan o andan itibaren sizde aynı beklentiyi yaratır.

Bir şeyin bilinmesi markadır, "nasıl bilindiği" ise imajdır.

Nasıl bilindiğin ise yaptığın işle ilgilidir. İnsanın yaptığı işle tanınması onun imajıdır.

Hitler'i herkes tanır; markadır ama nasıl tanındığı ise felakettir.

Bilinçli akıldan geçmeyen hiçbir şey bilinçaltına da ulaşamaz.

Bilinç neredeyse düşünce de ordadır.
Düşünce neredeyse idrak da ordadır.
İdrak neredeyse seçim de ordadır.
Seçim neredeyse irade de orada, irade neredeyse karar da orada, karar neredeyse değişim de oradadır...

"Sınırsız hayal gücümüz olabilir ama sınırlı bir hayatımız var."

"Bir karar vermek için geç kaldıysanız eğer, başka bir karar verin..."

"Arkada bıraktığınız hayat önünüzdekinden uzun değil."

BENİM GÜNDEMİM
Yaşadığım mutlu/mutsuz olaylar.

HABERLER (YAŞADIKLARIMIZ)

HABER BAŞLIKLARI
Yakın geçmişi oluşturur.
Son 1 GÜN/1 HAFTA/1 AY içinde yaşadığım olumlu/olumsuz olaylar.
(Lütfen başlık olarak yazın ve maksimum 5 başlığınız olsun)
Örnek: Ev aldım.

HAVA DURUMU (DUYGULARIMIZ)
Yaşadığım olumlu/olumsuz olaylar için hissettiğim duygular.
(Lütfen her bir olay için ayrı ayrı 1 duygu işaretleyin)
Örnek: MUTLU X
Şu an (bugün) içinde bulunduğum duygu.
(Lütfen tek bir duygu işaretleyin)
Örnek: HUZUR X

ARŞİV (GEÇMİŞTE YAŞADIKLARIM)
Uzak geçmişi oluşturur.
Son yıllarda yaşadığım olumlu/olumsuz beni en çok etkileyen olaylar.
(Lütfen başlık olarak yazın ve maksimum 5 başlığınız olsun)
Örnek: Çocuğum oldu.
Yaşadığım olaylara ait duygular.
(Lütfen her bir olay için sadece 1 duygu işaretleyin)
Örnek: SEVİNÇ X

HAVA DURUMU (DUYGULARIM)
Hayatımda yaşadığım olumlu/olumsuz olaylarla ilgili genel duygum.

Lütfen tek bir duygu işaretleyin, işaretlediğiniz duygunuza 1'den 10'a kadar bir puan verin.
Örnek: HUZUR X

DUYGUMUN İLACI
Bu duygudan çıkabilmeniz için tavsiyeler.

HABER BAŞLIKLARI (YAKIN GEÇMİŞ)
Son 1 ay, 1 hafta ve/veya 1 gün içinde beni üzen ve mutlu eden (olumlu/olumsuz) olaylar.

1- Duygu yoğunluğum
(BU OLAYDAN SONRA NE HİSSETTİN?)

KIZGINLIK — SİNİRLİLİK — SUÇLULUK — HAYAL KIRIKLIĞI
SABIRSIZLIK — ÜZÜNTÜ — KORKU — UTANMA — GÜVEN
HUZUR — SEVİNÇ — MUTLULUK — ZEVK

2- Duygu yoğunluğum
(BU OLAYDAN SONRA NE HİSSETTİN?)

DUYGU	1	2	3	4	5
ÖFKE					
UTANÇ					
KIZGINLIK					
HUZUR					
MUTLULUK					

3- Duygu yoğunluğum
(BU OLAYDAN SONRA NE HİSSETTİN?)

4- Duygu yoğunluğum
(BU OLAYDAN SONRA NE HİSSETTİN?)

5- Duygu yoğunluğum
(BU OLAYDAN SONRA NE HİSSETTİN?)
Şu anki duygu durumum (Bugün nasıl hissediyorsun?)

ÖFKE	KIZGINLIK	SİNİRLİLİK	SUÇLULUK	HAYAL KIRIKLIĞI
ÜZÜNTÜ	UTANMA	GÜVEN	HUZUR	SABIRSIZLIK
KORKU	MUTLULUK	ZEVK	SEVGİ	

ARŞİV (UZAK GEÇMİŞ)
Son yıllarda hayatımdaki olumlu/olumsuz olaylar

OLUMLU OLAYLAR		OLUMSUZ OLAYLAR	
TARİH		TARİH	
1. OLAY		1. OLAY	
DUYGU		DUYGU	
TARİH		TARİH	
2. OLAY		2. OLAY	
DUYGU		DUYGU	
TARİH		TARİH	
3. OLAY		3. OLAY	
DUYGU		DUYGU	
TARİH		TARİH	

GENEL DUYGUM

(Tüm bu olaylara rağmen şu andaki duygum. Lütfen 1'den 10'a kadar puan verin)

DUYGU	1	2	3	4	5	6	7	8	9	10
ÖFKE										
UTANÇ										
KIZGINLIK										
HUZUR										
MUTLULUK										
Diğer										

DUYGUMUN İLACI

DUYGU	TEDAVİ
ÖFKE	
NEFRET	
UTANÇ	

Mektuplar...

Yalınlaş

Hayat zor, değil mi? Herkes bundan yakınmaz mı, zaman zaman ya da her zaman. En zengini de dert yanar, hayatın bir noktasından tutup örnekleyerek, en güzeli, çekicisi de erkeğin/ kadının. Kariyerinde en tepe noktaya varmış insan da mesut olamaz nedense tamamen, en çılgın filmlerdeki gibi bir âşığa sahip olduğunu söyleyen kadın da.

Sanki herkes bir çomak aramaktadır ısrarla hayatında, bir çomak bulunca dengeye gelecektir sanki hayat. Belki insanlar tamamen huzurlu/mutlu olmaya inanamıyorlardır, çevrelerinde genelde mutlu görünenler az olduğundan ya da buna kendileri de inanamadıklarından en gizli iç noktalarında.

Oysa kişisel gelişim kitapları anlatır; güç sende, senin içinde. Sen istemezsen kimse seni üzemez. Nasıl bir histir ki acaba insanı kendi istemezse kimsenin üzememesi, nasıl bir özgürlüktür bu, sadece kendinde nihayet bulan. İnsana hiç görmediği bir rengi tam anlamıyla anlatabilir misin ki, bu özgürlüğün tadını anlatabilesin.

Herkesin aslında en büyük serüveni, kendini tanıma yolundaki serüvenidir de, gene de karşısındakini tanımaya çalışır insan, çoğu zaman daha kendi dehlizlerine varamadan. Kendi duygularının, düşüncelerinin, gücünün, özgürlüğünün sınırlarını bilmeden, başkasını suçlamak daha kolaydır her zaman.

Kendisi hep haklıdır, her şeyin en iyisine kendisi layıktır

kişi. Bilinmez ki biz değiştikçe, çevremizin de bize olan tepkileri değişecektir. Bilirsek kendi hatalarımızın sorumluluğunu alıp, haklı olduğumuz anların savunuculuğunu yapmayı, o zaman herkes doğruya daha çok yaklaşacaktır. Biz bilirsek hayatımızın gerçek amacını, zayıflıklarımızı, yaşamazsak günübirlik sadece kendi çıkarlarımızı düşünerek duyarlı olmaya alışırsak çevremize, hayatımız gerçek anlamını kazanacaktır.

Nasıl girilir ki bu yola? Herkes o kadar güçlü/cesaretli midir ki? İstemek başarmanın yarısıdır, yarıyı geçmek için gereken tek bir adım. En karmaşık matematik sorularının bile, kolay bir yolu vardır aslında, sadece bunu bize öğreten biri çıkmamıştır henüz, bir ışık. Ama unutmamalıdır insan; kendi sahip olursa bir şeylere çabalayarak, kıymetli olacaktır elindekiler ve daha sıkı sarılacaktır uğrunda ter döktüğü her şeye. Ama bu yol. Nasıl girilir ki bu yola?

Bu yol için basit bir adım at, basit yaşa. Zaruri şeyleri tanımla hayatındaki, diğerlerini bırak kenara. İsteklerini azalt, beklentilerini de. Hayal edemeyeceğin paraları kazanan adam da mutsuz, dünyanın en ünlü şarkıcısı kadın da, eksikse ruhunun yalınlığı içinde eğer, pusulan sadelik olsun, bunun için inan tüm çabaya değer.

Ruhunun sadeliğinden başla önce, sevgi olsun en temelde, istemeden önce ver ki sevgini, yayılsın sevgin tüm evrene. Sadeleşmek bomboş bir hayat yaşamak değil, yaşanacak alan yaratmaksa eğer, kurtar kendini dizilerden, maçlardan, çık dışarı denizin sakinliğini paylaş, denizle ya da bir sevdiğinle. Bul en huzurlu noktanı ama önce kendini dinle. Doğana dön, doğayla birlikte.

Enerjini tüketir karmaşa, yükselip varlığın arttıkça olmayacaksın ki daha mutlu. Hayatını boşalttıkça, verdikçe çevrene bir şeyler, artacak huzurun ve azalacak değersiz günlük kaygılar. Üç kredi kartın olmasın, cebindeki nakit kadar yaşa, bağımlılıkların kayboldukça özgürleşeceksin, yaşadıkça bunu göreceksin.

Sen tek başına, kimsenin bilmediği kalbinin kıvrımlarında, mutlu/huzurluysan eğer, bil ki bunu sağlayan ne mal mülktür, ne şan/şöhret. İhtiyaçlarını azalt, hayatını seyrelt. Giyinirken amaç üşümemek, bir tas çorba içerken amaç doymak ise eğer, arama insanın temel ihtiyaçlarının bile pahalısını. Sen değerliysen, neye gerek giysinin janjanlısı.

Kullanmadığın eşyaları ihtiyaç sahiplerine ver, paylaş iki diliminden birini, sadeleş. e-postaların mı doldu gereksiz yazılarla, sil gitsin. Azalt görsel karmaşanı, duygusal karmaşanla yüzleşmek ikinci amacın olsun.

Gerçekten önemli olan nedir senin için hayatta, maddi/manevi, karar ver öyle yaşa, kendini bilerek. Geceleri sık dışarı çıkmaksa seni sevdiklerinden, ailenden uzaklaştıran, uzak dur aşırılıklardan bilerek. Yaklaş çekirdek ailene, en temelin odur senin, onlar bilir en katıksız hallerini kalbinin.

Nasıl demişti Henry David Thoreau, "Hayatınızı ayrıntılarla israf ediyorsunuz. Basitleştirin, basitleştirin, basitleştiriniz lütfen..."

Arzu Çarpar Beyribey

Yaşam

Biliyor musunuz hayatın ne getireceği, getirirken de beraberinde ne götüreceği hiç belli olmuyor. Bunu her yaşımın, her anında daha iyi idrak ediyorum ben. Hayatta hiçbir şey için asla denmemesi gerektiğini, konuşurken insanın dilini ısırması gerektiğini size bir dost olarak tavsiye ediyorum.

Börtü böcekler, uçuşan kelebekler, renk renk gökkuşakları için fazla büyüğüz sanki. Hayatın gerçekleri ise karanlığın içinde parıldayan koca bir ay gibi. Görmeyi bilen gözler, işitmeyi bilen kulaklar, hissetmeyi bilen gerçek bir kalp ve bunları yaşatacak sağlıklı bir bedenden başka bir şeye ihtiyacımız yok, çünkü tüm bunlara sahipsek eğer hayatı olduğu gibi yaşayabiliriz.

Hayat bazen bize eğriyi doğruymuş gibi gösteriyor. Doğru ne kadar varlığını haykırsa da, hatta bize kendini gösterecek yandaşlar bulsa da akacak kan damarda durmuyor ve yaşanması gereken yaşanıyor. Ve anladım ki ben yaşanmadan söylenen doğrular yerini bulmuyor, çünkü gözler görmüyor, kulaklar duymuyor.

Hayatın önümüze serdiğini yaşıyoruz biz. Kadere inanıp oluruna mı bırakmak lazım, yoksa asıl bizim müdahale ettiklerimiz midir kader bilmiyorum ve inanın daha ne çok şey bilmiyorum.

Karar verip ardına bakmaksızın koşmak mıdır doğru olan?

Bir kaplumbağa sakinliğiyle yaşayıp gitmek midir, yetinmek midir elindekiyle?

İsterdim ki soruların tek cevabı olsun. Kullanma kılavuzu olsun hayatın. Kolaya kaçmak biliyorum. Belki yavanlaştırmak olur hayatı ki ben kolay karar veren bir insanım ama kolayın da kolayı olsun istiyorum işte. İnsanoğlu... Takıldığım yerde kopya çekeyim istiyorum...

Sadece nefes alıp vermekten ibaret olsaydı hayat, yiyip içmekten, uyuyup uyanmaktan. Gerçekten kullanma kılavuzu olsaydı hayatın, hani isim isim hayatımızdaki herkesin bir prospektüsü satılsaydı bir yerlerde, sapacağımız her yolun bir haritası çizilseydi. Daha mı farklı olurdu yaşamak dersiniz?

Reyhan Kiran

İlkbahar

Her birimizin zevk, düşünce ve görüşleri farklı olmakla beraber bizlere benzer duygular yaşatan mevsimleri severiz. Yazın kırmızı sıcaklığı, sonbaharın sarımtırak serinliği, kışın beyaz soğukluğu ama hepsinden ayrı bir yeri olan ilkbaharın, pembe ılıklığı. Nedense en çok sevilen mevsim ilkbahardır. Bunda, sanırım son cemrenin toprağa düşmesi ile oluşan uyanış önemli etkendir. Sizlere, ilkbaharı nasıl tarif edersiniz diye sorsam, bir kısmınız; ağaçların pembe, beyaz çiçeklerle süslenmesinden, yemyeşil taze otların her tarafı kaplamasından, kır çiçeklerinin tüm güzellikleri ile sağda solda kendilerini göstermelerinden ya da güneşin daha çok görünmesinden bahseder. Bir kısmınız; kuş cıvıltılarından, böcek seslerinin artmasından, sokakta oynayan çocukların şen kahkahalarından, artık çok görülmese de sokak satıcılarının bağırtılarından bahseder. Bir kısmınız da; yeni açmış çiçeklerin mis gibi kokularından, güneşin o içinizi ısıtan sıcaklığından, yeni dalından koparılmış sebze ve meyvelerin ağızda bıraktığı o hoş tatlardan, çimlere ve toprağa basarken hissedilen o yumuşaklıktan bahseder. Yani kiminiz öncelikle gördüklerini, kiminiz işittiklerini, kiminiz de duygularını ön plana çıkararak ilkbaharı anlatır. İlkbahar yeniden doğuş, yenileniş, canlanış, hareketleniş ve temizleniş zamanıdır. İlkbaharla ilgili herkesin sevdiği, dinlediği, söylediği ne kadar çok şiir ve şarkı vardır değil mi? Hele o "Ben her bahar âşık olurum" şarkısını kim sevmez ve baharda daha çok mırıldanmaz ki. Bahar sizlere en taze günlerini sunarken, sizler de üstünüze yapışmış üzüntülerin, sıkıntıların, kirlerin görüntülerini bir çerçeve içine sıkıştırın ve o çerçeveyi uzaklara doğru fırlatıp atın. Kendinizi yenileyin, yeniden doğmuşçasına tazelenin. Yaşayacağınız güzel, temiz, ferah, başarıyla dolu ve kendinizle barışık, hedefleriniz doğrultusunda sabırla, bıkmadan ilerlediğiniz günlerin resimlerini gözlerinizin önüne ve oldukça yakına yerleştirin. Göreceksiniz ki, Kaf Dağı'nın arkasında olduğunu zannettiğiniz bu olumlu duygular hemen ayaklarınızın dibindedir ve sizin onları fark etmenizi beklemektedir. Baharın size hissettirdiği güzel duygulardan yararlanın, vakit kaybetmeyin, yaşadığınız her günün kıymetini bilin. Üzüntüyü, gamı, kederi, endişeyi, kaygı ve korkularınızı, ilkbaharın o tatlı güneşinin altında eritin, yok edin. Hiç unutmayın "Güneş yeniden doğmak için batar."

Sağlıcakla...

Haluk Sayar
Etkili, Güzel Türkçe Konuşma Eğitmeni

Mutluluk Perisi

Sözlük anlamı; bütün özlemlere eksiksiz ve sürekli olarak ulaşılmaktan duyulan kıvanç durumu, ongunluk, kut, saadet, bahtiyarlık, saadetliliktir. Mutluluk sanırım hepimiz için önemli bir o kadar da nerede olduğunu özellikle son zamanlarda nereye saklandığını bilmediğimiz bir duygudur. Bu arayışların çoğaldığını etrafımızdaki insanların sürekli mutsuz olmalarını dile getirmelerinden, kitap raflarındaki kişisel gelişim ve alternatif terapiler, şifalı bitkiler kitaplarının çoğalmasından anlayabiliyoruz. Bu kitapları okuduğumuzda o gün, o hafta ya da en fazla o ay içerisinde kendimizi değiştirmeye karar veriyoruz. Ama ne kadar uyabiliyoruz o da tartışılır bir konu. Ya da orada yazılanlarla kendi hayatımızı karşılaştırıp karamsarlığa kapılıyoruz. Hepimiz mutlu olmanın bir yolu olduğunu biliyoruz ama nerede olduğunu bulamıyoruz. Kimimiz gelecekte, kimimiz geçmişimizde mutluluk arıyoruz.

Çocukluk bizler için bir masal diyarı, bir sığınaktır. Çocukluk birçoğumuz için neşeli anılarımızı, güzel günlerimizi simgeler. Bu nedenle ne zaman mutsuz ve üzgün olsak o masal diyarına yolculuk yapmak isteriz. Çocukluğumuzdaki mutlu olan anılarımızı daima taze tutmalıyız ki, onları hatırladıkça bizleri mutlu etmeye devam etsinler. Günümüzde uzmanlar 0–6 yaş çocukluk döneminin insanın bütün hayatını etkilediğini belirtiyorlar. Oysa bizim zamanımızda anne ve babalarımız kaliteli zaman geçirmenin önemini ve çocuk psikolojisini bilmedikleri halde bizlere mutlu bir çocukluk yaşattılar. Uzmanların, insanların depresyona girdiklerinde çocukluk günlerine dönmelerini isteme nedenleri o günlerdeki saflık ve mutluluktur.

Birkaç hafta önce annemlere gittiğimde eski albümlere baktım ve bir insanın en değerli anısının resimleri olduğunu düşündüm. Evimizde yangın çıksa ilk alacağımız şeyleri düşündüğümüzde evden çıkarken albümleri almak sanırım kimsenin aklına gelmez. Bana göre paha biçilemez bir servettir geçmişimiz ve resimlerimiz. Resimlere bakarken annemin ve babamın sırasıyla okul resimleri, nişan, evlilik; ablam Arzu ve benim doğum resimlerimizin ardından kalabalık aile resimlerimize baktım. O zamanlar arabamız yoktu ve annem her hafta sonu bizi otobüsle anneanneme ve dedeme götürürdü. Birçok yere giderdik, bol bol piknik resimlerimiz vardı. Çocukluğuma dair en güzel anılarım anneannemin evinde yaşadıklarım. Ben de ne zaman üzülsem ya da sıkılsam o günlerimi düşünürüm. Bazen rüyamda o günleri görürüm anneannemin bahçesinde bana yaptığı salıncakta sallanan halimi. O zamanlar ablama hiç sallanması için fırsat bile vermezdim. Büyüdüm, 33 yaşındayım yazlık balkonumda salıncağım var ve ben ne zaman salıncağımda sallansam hâlâ çok mutlu olurum ama artık salıncağımı ablamla paylaşmayı öğrendim. Ve bunun beni daha mutlu ettiğinin farkına vardım. Paylaşmak da insana mutluluk veriyor. Biz çocukken teknoloji bu kadar gelişmemişti, akşamları ev oturmaları, komşuluk vardı. Şimdi oturduğumuz apartmandaki insanlarla bırakın komşuluk yapmayı, isimlerini bile bilmiyoruz ya da aynı asansöre bindiğimizde bir günaydını bile çok görüyoruz. Teknoloji ilerledikçe insanlar sanal dünyanın başında daha çok zaman geçirerek birbirlerini görmek yerine mesajlaşmayı tercih ediyorlar. Eskiden mektup yazmak, kart atmak gibi güzel alışkanlıklarımız vardı. Bir simit alıp sahilde oturup yemek ya da televizyon karşısında çekirdek yemek bile güzelken, şimdi en lüks yerlere gidip en güzel yemekleri yemek bile tat vermiyor bizlere. Hayatlarımız daha lüks hale geldi belki de, beyaz halılarımız, beyaz koltuklarımız kirlenecek diye misafir bile ağırlayamaz olduk evimizde. Belki de her şeye çok çabuk ulaştık, çok çabuk tükettik. Ailemin benim yaşımda iken ne arabası vardı ne de kendine ait bir evleri. Her zaman çok iyi yerlere gidip yemek yiyemezdik, her istediğimizde sinemaya gidemezdik ama inanın çok mutluyduk. Bir şeylere kolay ulaşmak her zaman insana fayda sağlamıyor.

Hemen hemen hepimiz hem iş hem de özel hayatında sorunlar, haksızlıklar yaşarız. "Ama neden bana bu oldu?" diyerek hayıflanıp dünyayı kendimize dar etmememiz lazım, çünkü bunlar zaman içerisinde bize tecrübe olarak dönüp olgunlaşmamızı sağlar. İnsan önce her şeyin kendi içinde başladığını ve bittiğini bilmeli. Kendimizden beklentimizi artırıp karşı taraftan beklentimizi azalttığımız zaman mutlu bireyler haline gelebiliriz. Bizi rahatsız eden kişiler mi? Olaylar mı? Ayrı ayrı değerlendirmeliyiz. İnsanın önce iç dünyasında mutlu olması gerektiğini düşünüyorum. Kendimizi iyi tanımalıyız. Hayatımızdaki insanlara bakmalıyız. Kaliteli bir yaşam hayatımızda bulunan insanlarla da doğru orantılıdır. İnsanlara kusur bulmaktansa kabul edebildiğimiz yanlarını görüp onları sevmeye, benimsemeye çalışmalıyız. Bizi rahatsız eden olaylardan mümkün olduğunca kendimizi uzak tutmalıyız. İnsanlarla ilişkilerimiz aynaya bakmak gibidir. Tıpkı ne ekersen onu biçersin cümlesinde olduğu gibi. Bu hayatta yaptığımız iyilikler de, kötülükler de bir gün mutlaka gelip bizleri bulacaktır.

Önemli olan, daha az tüketerek, daha az isteyerek, küçük şeylerle yetinerek, insanlara değer vererek, farkındalığımızı artırarak, hoşgörü sahibi olarak ve ilk önce kendimizi düzelterek içimizdeki MUTLULUK PERİSİ'ne ulaşmak...

Ve...
Bir şey yap.
Güzel olsun.
Çok mu zor?
O vakit güzel bir şey söyle.
Dilin mi dönmüyor?
Güzel bir şey gör.
Veya güzel bir şey yaz.
Beceremez misin?
Öyleyse güzel bir şeye başla.
Ama hep güzel şeyler olsun.
     Şems-i Tebrizi

Hepimizin mutlu günleri olsun...

            Özge Yücel

Değişim Rüzgârları

"İnsan var odayı aydınlatır, insan var odayı karartır."

Tamamen benim seçimim olan, yaşantımın hiç beklemediğim ve tasarlamadığım şekilde değişmesine sebep olan, bana göre evlilik kararımdan sonra verdiğim en önemli karar; toplamda 25 yıl, son 15 yıldır emek vermiş olduğum işimden istifa edişim... Benim için tam bir dönüm noktası...

Şimdi düşünüyorum da, çalışırken yaşamış olduğum stres ve sıkıntıları etrafımla paylaşırken sürekli, aslında var olduğum ortamı karartıyordum farkında olmadan. İnsanlardan empati kurmalarını ve beni anlamalarını bekliyordum hep. Onların ne düşündüklerini pek sorgulamıyordum nedense. O anda tek düşündüğüm içimdeki sıkıntıları karşımdakine aktarmak ve rahatlamak, daha doğrusu kendimi rahatlatmak... Hep ben, hep benim yaşadığım stres ve sıkıntılar... Ve dolayısıyla bulunduğum ortamı aydınlatmak yerine, karartmaya devam etmek...

Tüm bunlar devam ederken beynim, ruhum alarm vermeye başladı. Sıkıntılar deryasına dalmışken, yanı başımda duran mutluluk ve huzurun farkına bile varamıyordum.

Beni seven bir eşim ve sağlıklı bir oğlum olması bile içinde bulunduğum durumu düzeltmeme yetmiyordu.

Bir şeyler yapmalıydım kendimle ilgili. İçinde bulunduğum girdaptan beni kurtaracak bir yol mutlaka olmalıydı. İşimi bırakmak benim için ilk adım oldu. Sandım ki istifa etmek, bir anda içinde bulunduğum durumdan beni çekip kurtaracak... Ama olmadı, asıl istediğim şey bu değildi, bunu beynimde, kalbimin derinliklerinde hissediyordum.

Kişisel gelişim üzerine birçok kitap okumuş, araştırmalar yapmıştım. Kendimi geliştirmek adına günlük seminerlere katılmak istemiştim her seferinde ama hep bir bahanem olmuştu gitmemek için. Ya zamanım olmuyordu ya da başka bir şey çıkıyordu her seferinde. Ama bu eğitimi almalıydım, bunu mutlaka başarmalıydım. Karşıma çıkan tüm engelleri kaldırdım.

Şimdi kendimi yeni yürümeye başlayan bir çocuğa benzetiyorum, minik adımlar atarak şimdiye kadar hiç dokunmadığım şeylere parmak basarak, aslında hayatın ne kadar güzel olduğunu keşfediyorum... Hayatın hangi noktasında olursam olayım, zorlukların, engellerin ve korkuların aslında amacımıza ulaşabilmek ve hayata sımsıkı bağlanmamız için bir araç olduğunu biliyorum. Evrendeki tüm güzelliklerin farkına varabilmem için bunları yaşamam gerekiyorsa yaşayacağım. Artık kişilere güvenmeyi, onlarla empati kurabilmeyi, daha da önemlisi sağlıklı bir iletişim kurabilmeyi öğrendim. Bu minik adımlar eminim, her geçen gün daha da büyüyecek.

Artık ben, gerçek BEN'i buldum. "İnsan var odayı aydınlatır, İnsan var odayı karartır" sözündeki gibi güzel olanın "ne söylediğim değil, nasıl söylemiş olduğum ve ne yapmak istediğimi bilip anlatmak" olduğunun farkına vardım.

Evet ben uzun bir yolculuğa çıktım, yola çıkarken yanıma sevdiklerimi de kattım. Siz de bu yolculuğa sevdiklerinizi de alarak katılmak ister misiniz?

Nurcan Güler Demir

Sen Hoşça Kal!

"Hoşça kalın!" deyiverdin o gün, belki de istemeden çıktı bu söz ağzından, kim bilir?

Güldüm duyduğumda, "Bir yere mi gidiyor?" dedim. Anlam veremedim bu sözüne.

Baktım hayat devam ediyor, kimsenin bir yere gittiği yok. Bir koşturmaca bir telaş. Anı yaşayamadan, tadına varamadan geçen koca bir zaman. Şanslıydım, nefes alabiliyordum. Yürüyebiliyor, konuşabiliyordum. Yaşamalıydım, buna mecburdum. Yapacak çok işim vardı. Durmamalıydım. Yürümeliydim ve hatta zaman zaman koşmalıydım.

Acımasız davrandı kimi zaman hayat, ama dimdik ayaktaydım hep. Bazen durdurmak istedim hayatı, bazen kovaladım, bazen anı yaşadım. Sensiz geçen koskoca bir zaman. Sevincimde de, üzüntümde de sensizlik daha da büyüdü, gözlerim aradı hep seni. Sesin kulağımda çınladı. Kokun burnumda tüttü. Büyük bir hasretle, özlem dolu ama sıcacık sevgiyle büyüttüm içimde her gün biraz daha, biraz daha...

Seni son gördüğümde üzerinde pembe bir tişört vardı. Saçların açıktı. Çok güzel olmuştun. Sanki gençleşmiştin. 18'inde bir genç kız gibiydin. Gülüyordun, bir o kadar da düşünceliydin. İnceledim seni tepeden tırnağa çok güzeldin o gün, hem de çok. Son kez baktım sana. Son kez öptüm. Son kez duydum sesini. Son kez gördüm gülüşünü. Son kez sarıldım. Doyamadım sarılmaya.

Arkadan seslendiler, o yüzden döndüm arkamı. Yoksa küstün mü bana? Tekrar sana baktığımda yoktun, gitmiştin. Koştum aradım, her yere baktım ama yoktun. Bağırdım, "Neredesin?" diye, duymadın beni. Yoksa duydun mu? Duydun da küstün mü bana ondan mı gelmedin?

"Hoşça kalın!" dedin ve gittin.

Canım anneme ithafen...

Onur Aydınoğlu Durmaz

Utanma Duygusu

İnsan, Yaratıcı'nın dünyaya gönderdiği bilgisayardır. Somutu soyuta, soyutu ise somuta çevirebilen tek canlıdır. Kendi özgür iradesi olan, çoğalabilen, kendi kendini yönetebilen ve başkalarını yönetme becerisine sahip olan, kısacası bir sinema filminin yönetmeni gibidir. Beynimiz bedenimiz olmadan bu kurulu düzenin üstesinden gelemez, yani bir bilgi işlemciye ihtiyacı vardır.

İnsanın ruhen oluşumunda duygular "baz"dır. Yaptığı her şeyde duygu vardır. Duygularıyla hareket eder. Kendimizce tamamı ile ikna olduğumuz durumlarda ortaya çıkar, bize yapmamız veya yapmamamız gereken konularda yön veren, bazen de engel olan bir dürtüdür. Benim ilk aklıma gelenlerden biri utanma duygusudur. Şu anda bu duygudan yoksun yaşıyoruz diye düşünüyorum. Şöyle etrafıma baktığımda utanma duygusundan utanan, bu duygudan haberdar olmayan veya haberdar olup da unutan insanlarla beraber yaşıyoruz. Yapılan bir araştırmaya göre utanma duygusunun sadece insanlara özgü olduğu, diğer canlılarda (hayvanlarda) olmadığı ortaya çıkmıştır. Peki bu sonuca göre bu duyguya sahip insanlar, insan oluyorken sahip olmayanlar hangi kategoriye giriyor?

Kimi insan bu duyguyu çok yoğun yaşarken, kimi ise yok denecek kadar az yaşar. Yoğun yaşayan insanlar biraz frenlemeli, vites düşürmeli (yoksa kendilerine zarar verebilirler) ama kendileri ile gurur duymalıdırlar. Bu tarz insanlardan çok az kaldı kıymetini bilmek gerekir. Maalesef ki yücelttiklerimiz diğerleridir. Bu duyguyu yaşayan insanlar utandıklarında kendilerini iyi ifade edemedikleri, genelde kızardıkları için girdikleri ortamlarda dikkat çektiklerini düşünürler ve rahatsız olurlar. Bu gibi olayları yaşamamak için toplumdan soyutlanırlar, iç dünyalarına kapanırlar. Bu sefer de utanmazlara gün doğar, gün yüzüne daha çabuk çıkarlar, daha başarılı zannedilir ve talep görürler. Bizler sebep oluyoruz belki de utanmazların bu kadar çok ön planda olmalarına... Onları alkışlayarak, yaptıklarını onaylarmışçasına konuşarak... Aslında tam tersidir. Bu duygu insanın kalitesini belli olacak şekilde ortaya koyar. Ben bu duygudan yoksun insanları şöyle seslendiriyorum: "Ucuz etin yahnisi..." ucuz et ne kadar çok satsa da pahalı olanın kalitesini düşürmez ve eninde sonunda fark edilir.

Hatırlarsanız hepimiz çocukken komşunun çocuğundan, akrabalarımızdan, öğretmenimizden, aklınıza gelebilecek neredeyse her şeyden utanırdık. Ne oldu da bu hale geldik? Mesela ben yaramaz ve çok utangaç bir çocuktum. Eve misafir geleceğini duyduğum zaman günler öncesinden panik olurdum, içim içime sığmazdı. Kim olursa olsun yakınlık derecesi önemli değildi. Sanki bir maratona katılmışım ve "başla" sesini duymaya hazırmışım gibi kapı çalar çalmaz koşarak yatak odasına gider, yatağın altına girip saatlerce çıkmazdım. Annem de hep çıkarmaya çalışırdı, daha da utanırdım. Şimdi düşündüğümde şöyle diyorum: keşke annem beni zorlamasaymış ben kendim çıkıp ortama alışsaymışım, çünkü birilerinin zoruyla yapıldığı zaman etraftan daha çok dikkat çekiyor ve utanmanın kat sayısı artıyor. Bu konuda da ailelere büyük görev düşüyor. Bırakın çocuklarınız utanma duygusunu öğrensin, aksi takdirde günümüzde de gördüğümüz gibi utanmadan haberi olmayan, utanmanın kötü olduğunu zannedip utanmıyormuş gibi davranan bireylerin, yeni nesillerin yetişmesine katkıda bulunuruz.

Bu kötü bir geleceğin sinyallerini veriyor. Lütfen bu sinyalleri maksimumda değil de minimumda yaşamak için bir şeyler yapalım.

Saygılarımla,
Eda Kalafat

Ego

"Evrenin merkezi keşfedildiğinde bir sürü insan kendilerinin merkez olmadığını anlayıp üzülecek."

Bernard Bailey

Her birimiz ben bilinci ile dünyaya geliriz. Akıl beni gerektirir. Ego ise akıl için çalışan görevlidir.

Eğer kişi aklını kullanamazsa ego bu boşluğu fark eder ve yerine geçmeye çalışır. Oysaki ego bu konuda yetkili ya da yetkin değildir. Bilir ama kabul edemez yetersizliğini, dolayısıyla hep kendini haklı çıkarma peşindedir. Ego korkaktır, korktuğu için başkalarını suçlar, zayıftır onun için bağırır, "Ben güçlüyüm!" diye. Onaya ihtiyaç duyar sürekli.

Egonun esiri olmuş kişi kabul edemediği için gerçeği; bütün sözde iyi olmalarına rağmen mutsuzluğunun, saygın olmamasının, başarısızlığının sebebini dışarıda arar. Değişmesi gereken, yanlış olan hep diğerleridir. Soramaz kendine; "Allah Allah bu işte bir iş olmalı? Ne acaba? EGO olmasın? EGOM olmasın?"

Egosu yüksek birey sadece kendini önemser, zalimdir. Zalim eline gücü alırsa diğerlerini yok edebilir, tarihte egonun tutsağı olmuş devlet adamlarına bakın bütün savaşların sebebi bu liderlerin egosudur, atom bombası ile bir ülkeyi, içindeki halkı silmeyi hedefleyen de aynı sebeptir. Duyarlılık yoktur, duyduğu tek ses: "SEN HAKLISIN DİĞERLERİ HAKSIZ"dır. Ego kontrol edilmezse işte bu kadar tehlikeli sonuçlara sebep olabilir. Egonun olduğu yerde mutluluk barınamaz.

Ego hep yanıltır, hep kendini haklı çıkartır. Egonun ele geçirdiği birey kendi içinde bitmeyen bir kavga halindedir ve bu tabii ki ilişkilerine de yansır. İlişkilerinde ne uyum vardır, ne ahenk, yani iletişimden söz edilemez. İletişim kuramayan insanlar anlaşamaz. Kabul edemez ama karşısındakiler görür gerçeği. Yalan dolu, tatminsizlik içinde, mutsuz, yalnız kalmaktır egolu yaşamın bedeli. Haklı olmak için değer mi mutsuz olmaya?

Bilmektir önemli olan, öğrenmektir, merak etmek, araştırmaktır, süreçtir, sonuç değil. Sonra en ideali bu bilgiyi paylaşmaktır, anlatmaktır. Kimin haklı olup olmadığından ziyade bilgiye ulaşmaktır. Etkileşim ve iletişim halinde kalıp kaynaşmak ve birlikte yoğrulmaktır, insanlığın faydasına yönelik işler yapmaktır. Birlikten güç doğmasına izin vermektir. Gelişmedir, birlikte gelişmektir...

Değişmeyen tek şey değişmenin kendisidir. Haklı olduğunu iddia etmek manasız bir zaman kaybıdır. Ayrıca hükmümüz sadece "BEN"e olmuştur. Öyle hakkımız da yoktur birilerini değiştirmeye, haddimiz de.

Aklın kontrolü yeniden ele alınabilir. Kişi farkındalığı artırıp egodan kurtulabilir. Olumlu/olumsuz, zayıf/güçlü yanlarını kabul etmekle işe başlanabilir. Asıl güç göstergesi de budur ve bu gösterge bağırmaz, sessizdir, sakindir, emindir... Onaya ihtiyacı yoktur.

Hepimizin kapımızın önünü temizlediğini düşünsenize, sırasıyla mahalleler, semtler, iller, ülke temizlenmeye başlar. Her yerin temiz olduğunu hayal edin ütopik ama hayali bile mutlu etmiyor mu sizi de? Sen değiştikçe her şeyin nasıl değiştiğine şaşıracaksın.

Değiştiremediğimiz şeyleri kabul edebiliriz. Karşılaştığımız olumsuz olaylara ve kişilere karşı bakış açımızı, tavır ve davranışlarımızı değiştirebiliriz. Bunu yapabilmek iç huzur ve MUTLULUK getirir.

Değişmekten ve kabullenmekten korkma, sürprizlerine hazır ol. Hayatının kontrolünü eline al ve özgür yaşa.

Mutluluklar dilerim, sevgilerimle...

Jaklin Yali

Küseceksen Oynamayacaksın

Rasgele bir gün yine işe gidiyorum, hastalarım var beni bekleyen. Tam köşeyi dönerken bir kamyon ve arkasındaki yazı "küseceksen oynamayacaksın". Kaldım öylece. Birçok kamyon arkası yazısı vardır, gülümsetir hatta dalga konusu olur. "Rampaların ustasıyım, gözlerinin hastasıyım" gibi. Benim o gün gördüğüm yazı bir güldürdü sonra dalga geçilmeyi hak etmeyecek kadar anlamlı bir kamyon arkası yazısı olduğunu düşündürdü. Önce aklım çocukluğuma gitti hemen, mızıkçılık yapan çok sevgili arkadaşlarıma. Hayata dair düşündüm sonra. Bir yarışta mutlaka bir yenen bir yenilen olacak, bir yakan bir yanan olacak. Ya yazı gelecek ya tura. Kaçmak, vazgeçmek kolay olandır. Önemli olan pes etmemektir. Kaçmadan bütünleşerek, birleştirerek oyuna devam etmek; zor da olsa en güzelidir. Nazım Hikmet der ki: "Ben yanmasam, / sen yanmasan, biz yanmasak, / nasıl çıkar karanlıklar aydınlığa..."

Nursen Arslantaş

Etkili ve Kaliteli İletişim

İletişim deyip geçmeyin; sadece konuşmaktan, bir şeyler anlatmaya çalışmaktan ibaret olduğunu düşünmeyin. Karşımızdaki kişiye bir bilgiyi yalın ve anlaşılır bir biçimde aktarmaktır, kabullendirmek değil.

İletişimin tanımını yapacak olursam bir bilginin çeşitli yollarla karşı tarafa aktarılmasıdır. İçinde duygu ve düşünce barındırır. Etkili ve doğru iletişim yaşam kalitemizi artırır.

TV sektöründe uzun yıllardır çalışmakta olduğumdan dolayı bu mesleğin bana çok şey kazandırdığını düşünüyorum, çeşitli ülkelere gidip farklı kültürler ve o kültürde yetişmiş farklı insanlarla tanışma fırsatım oldu. Kendi ülkemizde de çok şehre gittim.

Ne yazık ki özellikle toplumumuzda ve büyük şehirlerimizde çok daha fazla fark edeceğimiz bir şey var ki, o da hoşgörüsüzlük ve bencillik.

Yaşadığımız müddetçe hayat görüşleri farklı insanlar olacak çevremizde.

Kaliteli iletişim için önce anlamak ve dinlemek gerekiyor.

"Dinlemek için susmak gerekir ama anlamak için adam olmak lazım. Sizi her dinleyen, anlıyor diye düşünmeyin."

Kaliteli iletişim hayat kalitemizi artırır demiştim.

Özellikle bizim toplumumuzda son yıllarda daha da benci olmaya başladık.

Ne karşımızdakine ne de karşımızdakinin fikirlerine saygı duyuyoruz.

Ak ve kara gibi ayrı düştük, bir o kadar da uzak durmaya, önyargılarımızın ve egomuzun esiri olmaya başladık.

Beğenmediğimiz, bize hoş gelmeyen, çıkarlarımıza ters düşen her şeyi eleştirmeye gücümüz yetiyorsa değiştirmeye, yetiyorsa da tukaka demeye başladık.

Tüm bunları yaparken hem kendimizi hem de karşımızdakine zarar verdiğimizin farkında bile değiliz. Bu kadar enerji aslında doğru sarf edilse, daha kaliteli bir yaşam bizi bekliyor olurdu. Yanlış iletişimin sonuçlarını hepimiz yaşamışızdır muhakkak.

Mesela,
Benim dediğim doğru, ben ne dersem o.
Bak bir saattir bir şey anlatıyorum beni dinlemiyorsun.
Hareketlerine dikkat et.
Ben biliyordum zaten başıma bunun geleceğini.
Neden beni dinlemiyorsun? Ben sana söyleyeyim o zaman, çünkü işine gelmiyor beni dinlemek.
Beni dinlemez isen işte başına gelecekler budur...
Bu ve benzeri kelimeleri sarf etmek ne kendimize ne de karşımızdakine hiçbir şey kazandırmayacaktır.

Değişime, farkındalıklarımızı artırmak için önce kendimizden başlamak gerekir diye düşünüyorum. Kendimizi tanıdıkça insan olgusunu da tanırız, işte o zaman karşımızdakine saygı duymayı, onu dinlemeyi de öğreniriz.

Farklılık olsun diye değil, farkındalıklarımı artırmak için önce kendimden başladım ben de.

Ne mi yaptım? O da benim şansım.

İletişim ve İlişki Uzmanı Aşkım Kapışmak ile tanıştım.

Bir gün annemdeyim ve evde istirahat ediyorum. Annem seslendi bana, "Evladım televizyonu aç bak biri var, sen tanıyor musun güzel şeyler anlatıyor," dedi.

TRT'yi açtım, bir programa konuk olmuş Aşkım Kapışmak'ı dinlemeye başladım.

Program sonuna kadar dinledim. Hoşuma gitti ilişkilerden, iletişimden bahsediyordu.

Aşkım'ı dinlerken kafamda ampuller yanmaya başladı.

İçimden, *benim bu adamla tanışmam lazım*, dedim.

Şimdi mesleki çevre var, gazetecilik de var ertesi gün bir istihbarat yapar, telefonuna ulaşırım dedim.

Fakat işlerin yoğunluğundan ben bu konuyu sonraya bıraktım amaaa...

Kalbim temizmiş ki 2–3 gün sonra yine işteyim ve yoğun bir gün.

LigTv'nin kapısından Aşkım Kapışmak girdi. Bir an gördüm ve kayboldu. Öğrendim ki Turkmax'a konuk gelmiş. Yapacak bir şey yok yayının bitmesini bekledim ve yayın bitiminde yanına gittim ve kendimi tanıttım, o arada bir şeyler ikram etmek istedim ve nazikçe teklifimi kabul ettiler. Yardımcısı ile birlikte güzel bir sohbet oldu benim açımdan.

Birkaç gün sonra tekrar geldi ve bu sefer de tekrar çay içme fırsatımız oldu.

Sonra bir de baktım NLP eğitimindeyim.

Farkındalıklarımı artırmak için başladığım bu eğitimde kendime bir şeyler katmaya başladıkça, farkındalıklarımı artırdıkça bu ekibin bir parçası kalmam gerekir, diye düşündüm.

Farkındalıklarımı artırmak ve sorumluluklarımın nasıl üstesinden gelirim diye başladığım bu NLP eğitiminde kendimi daha da fazla keşfetmeye başladım. Artık karşımdaki insanları daha iyi anlamaya çalışıyorum. İşim açısından da büyük kazanç oldu benim için.

Ben düzgün cümle kurmanın peşinde değilim, doğru cümle kurup anlaşılır olmanın peşindeyim artık.

Musa Kaya

Teşekkür

Hayatta hiçbir şeyi kendim yapmadım bana sadece izin verildi. Evet emek harcadım ama sadece hak ettiklerimi alabildim. Kaybettiklerim ve kazandıklarım ve de elinizdeki son kitabım adına Yaratıcı'ya sonsuz teşekkürler...

Her akşam eve geldiğimde, "Aşkım bu konuyu da işle bak," diyen yaşam danışmanım annemin ellerinden öpüyorum. Ne mutlu seninle olmak...

Benim mutluluk nedenlerimin içinde önemli bir yeri olan yeğenlerim Yaren ve Hayranur, sizi çok seviyorum...

Babam... Az ama özsün, var ama yoksun, hem biraz hem de fazlasın, seni seviyorum...

Biz dört kardeşiz ama aynı zamanda 4 iyi arkadaş, 4 iyi dostuz; Serkan, Serhat ve Dilara. Sizler yaşamımı anlamlandıran kaynaklarımsınız. Sizlere; dostum, fikir hocam *Milliyet* gazetesi Eğitim Editörü Sibel Kahraman'a; Facebook ve Twitter'daki tüm dostlarım iyi ki varsınız... Sizlere; Saba Tümer seni seviyorum, benim uğurumsun... Sana; sevgili Özlem Yıldız ve annesi Sevgi Hanım sizi seviyorum... Size; işinin ve arkadaşlığının hakkını veren gazeteci Esin Övet'e; hem sesini hem de kendisini sevdiğim sanatçı arkadaşım Betül Demir'e; hem futbolda hem aile yaşamında hem de insanlıkta başarılı olan arkadaşım Galatasaraylı Aydın Yılmaz'a; kitabın hazırlık aşamasında desteğini esirgemeyen eğitimci Dilek Gürsoy'a; sevgili ekip arkadaşlarım: Haluk Sayar, Onur Durmaz, Özge Yücel, Reyhan Kıran, Jaklin Yali, Musa Kaya, Eda Kalafat, Nursen Arslantaş ve Nurcan Güler Demir'e; hayatımdaki her insan öğretmenimdir, bazı öğretmenlerin derslerine daha istekli girilir. Sevgili Âkif Abime; kitabın içeriğindeki birçok konuda bilgilerinden faydalandığım Uzman Psikolog Yahya Hamurcu'ya; bon bon şekerim, gönül dostu Alem Fm'den Funda Özkalyoncu'ya sonsuz teşekkürlerimi sunuyorum... *Unspoken* dergisi editörü Esra Erdem, *Bebeğim ve Biz* dergisi editörü Işıl Evrim Akgün iyi ki hayatımdasınız, destekleriniz için teşekkürler.

Sevgili Şansal Büyüka, futbola kazandırdıkların ve mutluluk tarifin için teşekkürler...

Can dostum oyuncu Önder Açıkbaş, mutluluk adına hissettirdiklerin için teşekkürler. Banu Gökgür, bu yolculukta verdiğin destekler için teşekkürler. Ekip arkadaşım Arzu Beyribey desteğin için teşekkürler. Menajerlik şirketim Esen Entertainment'e yanımda oldukları için teşekkürler..

Kaçırdığım fırsatlara, edindiğim kazanımlara, küstüklerime, küstürdüklerime, sevenlere, sevmeyenlere, geçmişimdekilere, şimdikilere teşekkürü bir borç bilirim.

AŞKIM KAPIŞMAK

KAdınlar SAĞdan
Erkekler SOLdan

İNKILÂP